GPS de la Misericordia

Guía para no perderte y tocar la misericordia de Dios
en tu vida

*"Bienaventurados los misericordiosos porque ellos
alcanzarán misericordia" (Mt 5, 7)*

Nihil obstat, Prot It-LC 00014-2017

ISBN 978-84-697-2352-4

¿Qué significa realmente MISERICORDIA: debilidad, injusticia, mirar hacia otro lado, mentir y no enfrentar la verdad? Cuando San Juan Pablo II decía que *"la Redención (misericordia) es el límite divino impuesto al mal,...porque en ella el mal es vencido radicalmente por el bien, el odio por el amor, la muerte por la Resurrección"* ¿me dice algo y me abre a una perspectiva que me eleva del pesimismo existencialista y del miedo que me producen la multiplicación de males, crímenes, injusticias en este mundo de hoy? Y, en cuanto a mi vida cristiana, ¿No será mi desesperación, mi desaliento, mi desánimo lo que más ofende a Dios porque denotan un desconocer el poder sanador de su Misericordia? ¿No dudo cuando pienso que si todo se perdona tengo licencia para hacer lo que me da la gana? ¿No es esto abusar de la misericordia de Dios? ¿De verdad puedo perdonar a los demás de corazón?

*Como muestra de gratitud a mis padres y hermanos
en los que palpé y viví la misericordia sencilla y de
andar por casa;
a mis hermanos legionarios,
con los que he crecido y luchado juntos
por testimoniar y extender el Reino de Cristo
que es misericordia;
a mis amigos y miembros del Regnum Christi,
con los que he compartido tantos momentos
intensos y retadores del trabajo apostólico.*

GPS 1 Introducción

Después de algunos años de ministerio sacerdotal me fui percatando de la maravilla y del poder de la misericordia de Dios. Primero, en las almas jóvenes que iba conociendo y acompañando y, después en mi propia vida personal. Me impresionaban y emocionaban, hasta humanamente hablando, las confesiones de jóvenes que daban verdaderos cambios en su vida hacia Dios. Me acuerdo que, en algunos retiros con jóvenes del Regnum Christi, algunas confesiones duraban más de 45´. Esto me llevó a valorar este sacramento del perdón y la fuerza de la gracia en las almas, la emocionante experiencia de la misericordia y la esperanza que veía en ellas de poder reiniciar una nueva vida en Cristo.

Leí una vez el testimonio de un legionario, de los primeros, el P. José María Escribano. Confesaba que, para él, la misericordia de Dios lo era TODO en su vida. A mí me impresionó que dijera esto acerca de la misericordia y me llevó a preguntarme cómo había llegado este padre a semejante conclusión, ¿tan importante era esta misericordia?

Confieso que en mi breve experiencia de predicador de ejercicios, el tema de la misericordia de Dios me ha emocionado siempre mucho, repasando los encuentros de Cristo con los pecadores que se le iban acercando o que Él buscaba en su caminar. No importaba la historia del pecado en nuestras vidas si, al final, te colocas delante de este Dios que te puede y te quiere perdonar todo.

¡Qué decir de esta conferencia oída no sé cuántas veces del conocido en México, P. Trampitas! Una vocación sacerdotal tardía, la de este sacerdote, después de una conversión sincera a Dios gracias a su madre. Se ofreció como preso voluntario en una cárcel en México situada en las Islas Marías, en el Pacífico. Él contaba sus experiencias de la misericordia de Dios con los grandes pecadores que vivían en esa cárcel. ¡Es verdaderamente emocionante escucharlo y se puede encontrar fácilmente con los medios que existen actualmente!

En mi período en Medellín Colombia, (2005-2010), he palpado en algunas familias las secuelas de la guerrilla, los secuestros, las muertes violentas: corazones desagarrados, penas profundas, recuerdos que quedan grabados para siempre,…y la necesidad del perdón que fuera el bálsamo que limpia y cierra estas heridas poco a poco. Pero me he repetido para mis adentros que yo no sabía nada de esta experiencia de muerte y de odio.

Total, que así las cosas me toca vivir en la Legión años difíciles y dolorosos junto con mis hermanos legionarios y voy intuyendo la importancia de abrirme a una relación de misericordia con todos y cada uno. Aquellos que nos conocen más saben de lo que hablo y han visto y tocado las "heridas" que nos han producido las consecuencias del hecho de la vida doble del fundador en primer lugar y el ir reconociendo, en segundo lugar, que no todo era perfecto en nuestra vivencia de la vida religiosa, comunitaria y apostólica. El decidirnos a aceptarlo y cambiar de manera personal y, después, institucionalmente, ha acarreado no pocas desavenencias, sinsabores, rupturas y deserciones aunque, tampoco, no pocas alegrías y dichas profundas. ¡Qué misteriosos los caminos del Señor con esta obra suya que la lleva por derroteros de profunda purificación al tocar de primera mano la miseria y debilidad y la necesidad de su misericordia!

En Madrid, España, me toca vivir la experiencia de los retiros con jóvenes y adultos donde palpo nuevamente la maravilla de la misericordia de Dios que es capaz de perdonar todo del pecador y de llevarle hasta la enseñanza de saberse perdonar a sí mismo, aspecto muy importante si nos damos cuenta de la totalidad de este perdón que Él nos da.

La Providencia de Dios me quiere en Gozzano en el verano del 2014, pueblo al noreste de Milán, en la provincia de Novara, Piemonte, donde la Legión tiene un Noviciado y Centro Vocacional. Aquí, el ritmo de vida me ha permitido profundizar más sobre esta realidad y alimentar el deseo y propósito de escribir un libro. Agradezco a Andrea Platè, uno de los candidatos en Gozzano, el haberme acompañado y perseverado en las grabaciones de los diversos videos que subí a internet.

Me acuerdo haber leído en agosto del 2014 un fragmento del Papa Juan Pablo II sobre la misericordia y el perdón que me invitaban a dar este cambio de actitud:

"El mundo de los hombres puede hacerse « cada vez más humano », solamente si en todas las relaciones recíprocas que plasman su rostro moral introducimos el momento del perdón, tan esencial al evangelio. El perdón atestigua que en el mundo está presente el amor

más fuerte que el pecado. El perdón es además la condición fundamental de la reconciliación, no sólo en la relación de Dios con el hombre, sino también en las recíprocas relaciones entre los hombres. Un mundo, del que se eliminase el perdón, sería solamente un mundo de justicia fría e irrespetuosa, en nombre de la cual cada uno reivindicaría sus propios derechos respecto a los demás; así los egoísmos de distintos géneros, adormecidos en el hombre, podrían transformar la vida y la convivencia humana en un sistema de opresión de los más débiles por parte de los más fuertes o en una arena de lucha permanente de los unos contra los otros." (DM, 14)

Dentro de mí surgían muchas preguntas y nacía la inquietud y el deseo de poder vivir más humanamente mi vida sacerdotal, con más misericordia y más perdón. ¿Qué podríamos hacer los legionarios para hacer de nuestra vida religiosa y comunitaria un espacio más humano? ¡Cuánto necesitaba pedir perdón y perdonar! ¡Cuánto lo necesitábamos todos!

Además, al releer la encíclica del Papa Juan Pablo II, "Rico en Misericordia", me di cuenta de que la dimensión de la Misericordia de Dios se proyectaba de manera trascendente y profunda a la hora de juzgar la historia que vivimos. ¡Desde la Misericordia de Dios cambia la manera de ver y entender al hombre y al mundo! No se puede vivir sin esperanza cuando nos percatamos de la fuerza sanadora y regeneradora de esta Misericordia.

Y con este caldo de cultivo bastaba el catalizador. El Año Santo de la Misericordia que inició el 8 de diciembre del 2015 ha bastado para decidirme a escribirlo.

Pero como esto de escribir no es un deporte que haya practicado en mi vida, no se me hacía fácil lanzarme a plasmar de una manera breve las reflexiones que iba haciendo. Así que pensé que podría acompañar con una serie de videos breves, sustanciosos, sugestivos sobre ello desde el inicio del Año Santo de la Misericordia y, en una etapa inmediatamente posterior, pasarlos a esta guía escrita. Edité el primer video a finales de noviembre del 2015. A estos videos los titulé así: *"GPS del Año de la Misericordia"*, enumerándolos desde el 1 al 40. Os confieso que, para mí, ha sido una forma de aprovechar mi tiempo en el seminario y de poder usar estos medios virtuales con una intencionalidad claramente apostólica. A juzgar por los "like", el número de visualizaciones,…no llego para nada a ningún record; más bien lo contrario. Pero ello no me ha descorazonado pues las réplicas y "retwits" que hacemos creo que no son fáciles de contabilizar. Es Dios el que da el fruto cuándo, cómo y dónde Él quiera.

El objetivo de este GPS, "Tom-tom", o como lo quieras llamar, es darte coordenadas, "tips", para que llegues a hacer una verdadera experiencia de la misericordia de Dios. Te sugiero no perderte los GPS 2 al 5 para tomar una perspectiva de conjunto, un poco más general y objetiva. Ya, después, podrás tomar algunos temas más específicos. Como todo en la vida y, citando a Saint Exupery: "lo más valioso en la vida es invisible a los ojos". Y el Amor de Dios, hecho

Misericordia, hay que buscarlo y querer buscarlo sabiendo que es como un río subterráneo que riega y fecunda no pocas vidas en este mundo.

Te invito a buscar siempre esta gracia de la misericordia, a pedirla a Dios con tus palabras, a rezarla con la Biblia, a profundizarla con las parábolas que Jesús nos deja, a verla encarnada en Cristo y en tantos ejemplos de santos y santas que la han encarnado.

Por último, puedes iniciar practicando esta misericordia con el autor que te agradecerá de antemano el haber comprado el libro y el haberlo hojeado y leído. Perdónale y pide por él, por favor.

Que María, Madre de Misericordia, te conceda este don para el bien de tu alma y de las de tu familia, parroquia y amigos,

P. Claudio María García de Alvear, L.C.

Motores de búsqueda

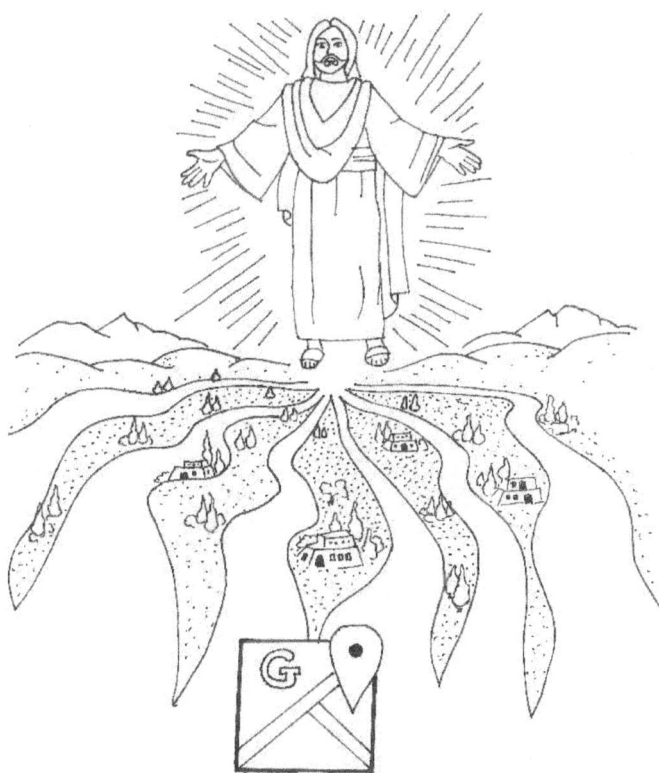

GPS, TomTom, Googlemaps, Waze,…a través de estos libros que te presento -"motores de búsqueda"- podrás descubrir este don tan grande que es la Misericordia divina. Si buscas, encontrarás; si hallas, te alegrarás de haber encontrado un tesoro.

GPS 2 La Biblia

Se trata de llegar a la Misericordia, es decir, de conocerla, tocarla, experimentarla en tu vida y, así, compartirla con los demás. En este trayecto te invito a encender el GPS y busca algún "restaurant" o "bar", "Autogrill", McDonalds, Burger King,…para un aperitivo, una tapa o una buena comida. No puedes ir directo hacia tu meta sin conocerla bien, sin desearla, sin verla plasmada en otros,… Es fácil que te pierdas, que te desanimes, que te desorientes. Experimentar la Misericordia de Dios puede ser un gozo y un disfrute espiritual desde el mismo instante que te diriges hacia ella.

Te sugiero pararte en 4 lugares importantísimos:

En primer lugar, *la Sagrada Escritura,* es decir, *la Biblia*. Es un lugar importante, un "plato fuerte".

Es la fuente por antonomasia para las cosas de Dios, es la PALABRA DE DIOS. Seguro que la conoces. Alguna vez la has abierto, la has leído. Es un libro que contiene muchos otros libros, más de setenta. Escritos en muchas épocas de nuestra historia, algunos setecientos años antes de que viniera Cristo a la tierra. Un libro que se ha conservado fiel a sus orígenes, sin cambios esenciales. Un libro que tiene un autor humano, sin lugar a dudas, pero que tiene como Autor principal a Dios mismo. Por eso decimos que es Palabra de Dios. Cuando tú escuchas las lecturas de la Misa piensa que es

Dios mismo el que te está hablando,... ¡Esto es impresionante!

Por esto mismo, este primer lugar de búsqueda es esencial. No se trata sólo de saber más sobre la misericordia y satisfacer nuestra curiosidad (contenidos). Se trata de vivirla, de tocarla y, por ello, de cambiar de vida (conversión) y de transmitirla a los demás (caridad). La Palabra de Dios es *"viva y eficaz, más cortante que una espada de dos filos; penetra hasta la división del alma y del espíritu, de las coyunturas y los tuétanos, y es poderosa para discernir los pensamientos y las intenciones del corazón." (Heb 4:12)*. Así que, ¡cuidado!, porque te cortas y te puedes hacer daño. Pero, ¡ojalá que te haga daño, que te hiera en lo más profundo de tu ser! Sólo así, este recorrido te servirá para algo.

En nuestra búsqueda por el GPS de la misericordia nos podemos preguntar: ¿Y qué piensa Dios sobre la misericordia? ¿Qué dice Él? Pues bien, es increíble como toda la Biblia está tachonada de misericordia. *"Eterna es su misericordia"(Salmo 136)*. Ya en el Antiguo Testamento aparece Dios con su amor misericordioso y, en el Nuevo Testamento está Jesucristo, "Encarnación de la Misericordia del Padre". Puedes leerla desde esta perspectiva y te asombrarás bastante.

Si quitáramos la palabra "Misericordia" de la Biblia, toda ella carecería de sentido.

Y no es verdad que en el Antiguo Testamento el Dios que aparece es más el Dios justo y vengativo, duro con los que le rechazan,...sino que, más bien, es el mismo hombre que va, poco a poco, viendo y conociendo cómo este Dios que impresiona por su Poder es infinitamente misericordioso. Ya Moisés llama a Yahvéh: *"Señor, lento a la ira y rico en piedad" (Núm. 14, 18)*

Cuando pienso en Dios, ¿me fijo más en su justicia o en su misericordia? ¿Me acuerdo de algún pasaje donde se ve claramente la Misericordia de Dios? ¿Puedo decir que Dios ve mi vida, mi historia, mi interior con ojos de misericordia?

GPS 3 Dives in Misericordia

Te propongo conseguir otra guía para que la lleves junto al GPS en este viaje para alcanzar misericordia. Nada despreciable,…verás. Es la segunda encíclica que escribió el Papa Juan Pablo II el 30 de noviembre de 1980 que toca precisamente este tema, la Misericordia.

¡Hasta puede ser un "motor de búsqueda" de la cantidad de reflexiones que hace!

Es un mensaje bellísimo que te encantará leer e, incluso, meditar. Te la recomiendo.

Me basta ahora introducirte a su lectura para que, ojalá, te abran el apetito:

Nada más empezar su pontificado, en octubre de 1979, Juan Pablo II había escrito la primera encíclica sobre Jesucristo, como Redentor del hombre, *"Redemptor hominis"*. Quiere redescubrir la verdad del hombre a la luz de Cristo, sin miedos, sin mentiras, sin componendas, sin ideologías, para poder vivir su altísima vocación y darse cuenta de su alta dignidad. Éste será su programa de pontificado.

Al tercer año de pontificado escribe sobre Dios Padre y se fija en que es rico en misericordia, *"Dives in misericordia"*. Aquí añade que no podremos descubrir la verdad de nosotros mismos si no conocemos la verdad sobre Dios según nos la revela el mismo Cristo, el misterio del Padre y de su Amor Misericordioso. *"Quien me ha visto a mí, ha visto al Padre" (Jn 14, 8)*

Y es a través del mismo Cristo, que es para nosotros visible, como vemos al "Dios invisible" y sobre todo, su amor misericordioso hacia los hombres. Cristo no solamente habla y actúa con misericordia sino que "la encarna y la personifica". Cristo mismo es misericordia.

El hombre de hoy parece no necesitar de esta misericordia. Con los avances de la ciencia y de la técnica parece bastarse a sí mismo. Se cree, nunca como antes, dueño y señor del mundo. ¡Nada tan equivocado!

Pero, al hombre de hoy, se le presentan peligros y amenazas ingentes. Es la realidad que vemos hoy: guerras, epidemias, emigraciones de pueblos enteros, terrorismo, inseguridad,...y lo que tocamos en el interior del hombre: vacío de valores, sin sentido, desesperanza,... *"El hombre tiene precisamente miedo de ser víctima de una opresión que lo prive de la libertad interior, de la posibilidad de manifestar exteriormente la verdad de la que está convencido, de la fe que profesa, de la facultad de obedecer a la voz de la conciencia que le indica la recta vía a seguir."* (DM 11) Sólo la Misericordia de Dios nos ayudará. El mundo y el hombre de hoy tienen necesidad de esta misericordia, *"aunque con frecuencia no lo saben"*.

Y la Iglesia, nunca como ahora, está llamada a conocer el verdadero rostro de Dios que es misericordia y a vivirla con sus semejantes que sufren en el núcleo mismo de su existencia y de su dignidad.

Y el hombre, tan necesitado de purificación y sanación, no puede olvidar esta verdad: *"No hay pecado humano que prevalezca por encima de esta fuerza (del perdón) y ni siquiera que la limite"* (DM 13)

GPS 4 Misericordiae Vultus

Otra guía segura para que profundices es la Bula "El Rostro de la Misericordia", *Misericordiae Vultus*, con la que el Papa Francisco nos ha convocado a vivir el Año Santo de la Misericordia.

Me acuerdo muy bien en uno de sus primeros ángelus como Papa, asomado a la ventana que da a la Plaza de San Pedro, nos dijo: *"Dios nunca se cansa de perdonarnos. Somos nosotros que nos cansamos de pedirle perdón".* Quizá, ya, desde este momento traía este tema de la misericordia muy en su corazón.

Pasados dos años, nos hace esta invitación. ¿Por qué? ¿Qué trae en el corazón nuestro Vicario de Cristo?

Reflexiono un poco contigo sobre la Bula que te ayudará, sin duda, a aprovechar este año:

Es necesario que la Iglesia actúe en este mundo sobre todo a través de este camino de misericordia. ¡Basta ya de dedicarnos a hablar, a juzgar, a perdernos en batallas teológicas o morales! Para que la Iglesia sea creíble, ha de vivir (pensar, hablar y actuar) con misericordia. *Es decir, para que tú seas auténtico cristiano, estás llamado a practicar la misericordia. ¡La gente necesita de tu testimonio de ternura, compasión, perdón, paciencia,...!*

"¡Cuántas situaciones de precariedad y de sufrimiento están presentes en el mundo de hoy!". La

Iglesia puede y debe ser este "hospital de campaña" que cura las heridas y consuela a los afligidos.

La Iglesia es instrumento de salvación y Dios le concede la gracia de perdonar, de "curar" las heridas que produce el pecado y la indiferencia en nuestras vidas. ¿Por qué crees que ha habido tantas Puertas Santas esparcidas por el mundo? Por esto. Para que ningún ser humano pueda decir que le resultó difícil o imposible acercarse a una de ellas. ¡Está tan cerca la Misericordia de Dios!

Ha nombrado a más de mil "misioneros de la misericordia" para que vayan por todo el mundo y hagan todavía más cercano aún este perdón de Dios Padre que no conoce fronteras ni límites salvo el corazón humano que se cierra a su entrada.

Además, el Papa Francisco, que es muy pragmático y no se anda por las ramas, nos está invitando a todos a vivir esta misericordia en nuestras vidas, a hacerla obra. Es decir, que no tenemos ningún justificante para no ejercitar esta misericordia con los que nos rodean, con nuestro "prójimo", desde un gesto tan sencillo como saludar hasta un perdonar sincero.

GPS 5 Diario de Santa Faustina Kowalska

Otra guía obligada para hacer la experiencia de la misericordia es acercarte a la vida y al diario de Santa Faustina.

Podemos decir, que con Santa Faustina inicia esta devoción a la Divina Misericordia en la Iglesia. Se ha ido abriendo paso en la Iglesia durante este siglo XX gracias al seguimiento de Juan Pablo II que, desde que era arzobispo de Cracovia, ayudó e impulsó la causa de canonización de Sor Faustina y concretó la fiesta de la Misericordia (II domingo de Pascua), y propagó su devoción.

Repasemos un poco la vida de esta santa,…

Nace el 25 de agosto de 1905 en Gogloviec, Swenice Varckie, Polonia. Se llamará Elena Kowalska y es la tercera de ocho hijos. Desde pequeña vive una relación íntima con el Señor y con María. Siente la gracia de la vocación consagrada. No sabe, sin embargo, ni qué significa, ni cómo dará el paso, ni cuándo, ni dónde se consagrará. Sus padres no le permiten entrar en un convento. Quiere huir de Dios pero Él se le hace presente de tal manera que no le cabe la menor duda de que ha de consagrarse para Él. A los 20 años entra, por fin, en el convento de las Hermanas de Nuestra Señora de la Misericordia en la calle Zythia, en Varsovia. Inicia con las luchas típicas de una joven ante este nuevo estilo de vida hasta el punto de querer marcharse. Supera esta dificultad pero siguen otras personales, interiores que, unidas al ritmo de vida del convento, le agotan físicamente.

El 30 de abril de 1926, es decir, a los 21 años, toma el hábito religioso como novicia en el convento de Cracovia-Lagievniki y recibe su nombre: Sor María Faustina. Sirve como cocinera, jardinera y portera. En este mismo convento pronunciará sus primeros votos y los perpetuos y pasará los últimos años de su vida terrenal.

La Hna. Faustina cumplía sus deberes con fervor, observaba fielmente todas las reglas del convento y era piadosa sin dejar de ser natural y alegre. Para quien la observara desde fuera nada hubiera delatado su extraordinaria y rica vida mística.

Escribe ella: "Ni las gracias, ni las revelaciones, ni los éxtasis, ni ningún otro don concedido al alma la hacen perfecta, sino la comunión del alma con Dios" (diario 1107).

Se ofrece como víctima por los pecadores. *"El sufrir es una gracia muy grande"*, dice. Durante la Cuaresma de 1933 experimenta en su propio cuerpo y corazón la Pasión del Señor, recibiendo invisiblemente los estigmas.

Se enferma de tuberculosis que ataca sus pulmones y el sistema digestivo. A causa de ello es internada por varios meses en el hospital de Pradnik en Cracovia. Muere el 5 de octubre de 1938, a los 33 años. Es enterrada en el cementerio del convento de Cracovia-Lagievniki.

Lo original y extraordinario de su diario espiritual es que ella repite infinidad de veces que "ve" a Jesús y que le "escucha" hasta el punto de plasmar por escrito sus palabras. Desde el inicio ella duda mucho de sí misma y cree que son imaginaciones, pensamientos que ella misma construye pero, no es así. Es Dios mismo que le está hablando tan claramente. Para confirmar que son auténticas revelaciones ella se abre completamente a su superiora, a su director espiritual y a su confesor. Su respuesta le dará la certeza que necesitaba. Sus revelaciones le traerán roces, malentendidos y envidia con algunas personas de alrededor. Ella lo soporta con fe y amor a Jesús.

Sor Faustina es "el apóstol de la misericordia para estos tiempos". Impresiona sobremanera el ver cómo vive su relación con Dios hasta el punto de escuchar de manera clara e insistente las llamadas a ser mensajera de su Misericordia. Ella lo dice en su diario: *"Hija mía, di que soy Amor y Misericordia en persona" (diario 374)*

Hay que llegar a la meta

La experiencia personal y auténtica que hagas del perdón y de la misericordia de Dios no te la podrá quitar nadie y no se te olvidará jamás aunque la vida te lleve por derroteros duros y oscuros. Es una gracia que, sin duda, Dios te quiere dar.

GPS 6 Necesito la misericordia que vence mi mal

En el libro del Génesis encontramos un diálogo entre Yahvé y Abrahán donde sale a la luz el perdón y la misericordia:

El Señor dijo: «El clamor contra Sodoma y Gomorra es fuerte y su pecado es grave: voy a bajar, a ver si realmente sus acciones responden a la queja llegada a mí; y si no, lo sabré». Los hombres se volvieron de allí y se dirigieron a Sodoma, mientras Abrahán seguía en pie ante el Señor.

Abrahán se acercó y le dijo: « ¿Es que vas a destruir al inocente con el culpable? Si hay cincuenta inocentes en la ciudad, ¿los destruirás y no perdonarás el lugar por los cincuenta inocentes que hay en él? ¡Lejos de ti tal cosa!, matar al inocente con el culpable, de modo que la suerte del inocente sea como la del culpable; ¡lejos de ti! El juez de toda la tierra, ¿no hará justicia?».

El Señor contestó: «Si encuentro en la ciudad de Sodoma cincuenta inocentes, perdonaré a toda la ciudad en atención a ellos». (Gn 18, 20-26)

Cuando vemos los ríos de sangre que han producido los conflictos bélicos del siglo pasado y las continuas hemorragias que surgen de las guerras civiles y guerrillas que parecen perdurar en el tiempo en este mismo siglo XXI, cuando vemos cómo el mal se adueña de tanta gente, no podemos sino recurrir con todo nuestro corazón y con toda la fuerza de nuestra fe, como Abraham, a Dios y a su misericordia: *"¿Es que vas a destruir al inocente con el culpable? ¡Lejos de ti tal cosa!"*

Asomarnos al sufrimiento moral de tantas personas hoy en día causados por la pérdida de seres queridos, por el odio, el egoísmo, la inmadurez, la venganza, la ambición y toda clase de pasiones; niños que no tienen familia, esposos fracasados en su matrimonio, jóvenes que vagan sin sentido y sin trabajo, personas-esclavas de otras, de trabajos inhumanos, de trata de blancas, es volver a gritar a Dios con perseverancia, como Abraham, que tenga misericordia de nosotros.

Juan Pablo II dice: *"Por muy fuerte que pueda ser la resistencia de la historia humana; por muy marcada que sea la heterogeneidad de la civilización contemporánea; por muy grande que sea la negación de Dios en el mundo, tanto más grande debe ser la proximidad a ese misterio (el de la misericordia) que, escondido desde los siglos en Dios, ha sido después realmente participado al hombre en el tiempo mediante Jesucristo".* (Dives in misericordia, 15)

Y que este amor de Dios, hecho misericordia de manera especial, se haga presente en el mundo contemporáneo como más fuerte que el mal: más fuerte que el pecado y que la muerte. El límite del mal en el mundo es la misericordia de Dios. Por ello, necesitamos de la misericordia pues el mal llegó hasta matar en la cruz a Nuestro Señor, ¡el hombre más inocente que ha pisado esta tierra! Pero, en esta muerte, venció la Vida, venció el Amor. *"El hecho de que Cristo « ha resucitado al tercer día » constituye el signo final de la misión mesiánica, signo que corona la entera revelación del amor misericordioso en el mundo sujeto al mal... "el amor vencerá en todos los elegidos las fuentes más profundas del mal" (DM 7).* ¡Qué verdad tan profunda y tan cierta! ¡Aprovechémosla!

GPS 7 Necesito la misericordia para salvarme

Cuenta una leyenda que, a las puertas del cielo, se encontraban infinidad de personas queriendo entrar. Era el momento del Juicio Final. El arcángel San Miguel anunció que sólo los que llegaran a un nivel de aprobado por sus obras y méritos podrían entrar al cielo. Comenzaron, uno a uno, a decir todo lo bueno que habían hecho: rezos, idas a Misa, trabajos, sacrificios, obras de caridad,... A todo ello, San Miguel daba poco valor y decía que sólo con esto no podrían entrar. La gente estaba un poco descorazonada y se preguntaba cómo entrar entonces. De repente, un señor que había vivido, según lo que dijo públicamente, con sus más y sus menos, con mediocridad y tibieza, dijo: "Eso sí, he procurado siempre abandonarme a la Misericordia Divina". El arcángel, entonces, dijo admirado: ¡Tú sí puedes entrar y gozar eternamente de Dios!

Y es que, sin la misericordia de Dios, estamos perdidos. *"Si llevas cuenta de los delitos, Señor, ¿quién podrá resistir? Pero de ti procede el perdón y, así, infundes respeto" (salmo 129).* Y por más que hagamos obras buenas, rezos, méritos, ¿qué suman todos ellos para ganarnos el cielo, la salvación? Casi nada.

Como nadie se ha dado la vida por sí mismo, tampoco nadie podrá salvarse por sí mismo. Aquí no se trata de merecer misericordia o de conquistarla. Es un don, un regalo de lo Alto. Pero es un don que Dios nos quiere dar pues *"Él quiere que todos los hombres se salven" (1 Tim 2,4).*

¿A qué espero, pues, para acercarme a este Dios que tiene entrañas de misericordia? ¿No seré capaz de pedirle con sencillez que tenga misericordia de mí y de todos? ¿Hasta cuándo seguiré luchando en vano creyendo que todo depende de mí y de mis cualidades y esfuerzos humanos, muy humanos? Quizá esto me ayude a cambiar de vida y a colocar dentro de mí un corazón más humano, más sensible, más misericordioso!

Y sucedió que, estando en una ciudad, se presentó un hombre cubierto de lepra que, al ver a Jesús, se echó rostro en tierra, y le rogó diciendo: «Señor, si quieres, puedes limpiarme». El extendió la mano, le tocó, y dijo: «Quiero, queda limpio». Y al instante le desapareció la lepra. Y él le ordenó que no se lo dijera a nadie. Y añadió: «Vete, muéstrate al sacerdote y haz la ofrenda por tu purificación como prescribió Moisés para que les sirva de testimonio». Su fama se extendía cada vez más y una numerosa multitud afluía para oírle y ser curados de sus enfermedades. Pero él se retiraba a los lugares solitarios, donde oraba. (Lc 5, 12-16)

Nosotros, "leprosos" no podemos curarnos por nosotros mismos. Pero, ¡no importa!, Dios sí quiere limpiarnos. Pidámosela, aprovechémosla!

GPS 8 Crucemos la Puerta Santa

Al iniciar el Año Santo de la Misericordia hemos sido invitados a cruzar la Puerta Santa de nuestra catedral o de otras Iglesias importantes de nuestra ciudad o, incluso, de algún santuario al que vayamos en peregrinación.

Es el "banderazo inicial". Solemne.

Y esto de cruzar una puerta es un gesto humano muy normal y cotidiano, ¿quién no pasa varias veces al día por una puerta? Ahora bien, cuando te dejan entrar a la casa de tu novia, de un nuevo amigo, de alguien importante y pasas por la puerta, esto significa que has sido admitido, que pasas a gozar de lo que hay en esta casa y a disfrutar de una buena compañía.

Para nosotros, creyentes, esta puerta es Cristo. *"Yo soy la puerta de las ovejas"*. Nos recuerda que nuestra existencia no es sino una peregrinación, un caminar hacia una meta, Cristo y, más específicamente, la misericordia de Cristo. El llegar después de haber caminado un cierto tramo de carretera o sendero, según nuestras fuerzas, nos recordará que la Misericordia es también una meta a alcanzar en nuestra vida y que requiere no poco empeño y sacrificio. Te invito a hacer una peregrinación de un día o de medio día para llegar a una "Puerta Santa". Verás que será muy distinto y llegarás sabiendo qué es lo que buscas y cómo te ha costado lograrlo.

También, cuando nos acerquemos a la Puerta Santa podemos recordar que Dios siempre nos espera con las puertas abiertas de su Corazón de Padre, que no se cansa nunca de perdonarnos. Así, podremos experimentar el Amor de Dios que nos consuela, nos perdona y nos da esperanza. (MV 3)

No se trata, pues, de una acción mágica ni de algo supersticioso. La acción de la gracia de Dios es invisible a nuestros ojos pero opera en lo íntimo de nuestro corazón. Con este cruzar la Puerta Santa – tengamos fe-, seremos tocados por Dios y seremos invitados seguramente a la conversión. En nuestro caminar no vamos solos. Nos acompaña Jesucristo con su fuerza y su amor. Antes de cruzar la Puerta Santa, párate un momento. Ponte en oración. Piensa, reflexiona, pregúntate: ¿Qué voy a hacer? Y reza un Padre Nuestro, un Ave María,…entra sabiendo que te estás acercando a Dios, rico en misericordia, a través de su Hijo Jesucristo.

Atentos a no perderte

¡Cuántas veces nos ha pasado que hemos escrito en el GPS una dirección semejante que no es la correcta! Fíjate bien. No seas distraído y ve al detalle en este camino hacia la misericordia.

GPS 9 La misericordia no es gracia barata

Lo gratis no se valora. Y, la misericordia es gratis. Pero, no es barata.

¡Es fácil banalizar lo sagrado! También la misericordia. Si no la entendemos bien podemos caricaturizarla, deformarla y así, despreciarla.

Recuerdo el ejemplo de ese niño pequeño que, estando solo en casa, encuentra un billete de 20 euros y se le ocurre la feliz idea de quemarlo pues es un papel. Realmente disfruta el momento y ve cómo la llama que produce este billete es de varios colores: roja, azul, amarilla, marrón,…Y, como sucede en estos casos, este niño inicia a vivir esta experiencia de pequeño "pirómano". Va en busca por la casa de estos nuevos papeles raros que son estos billetes. Así seguirá hasta que su papá se da cuenta de que un día ha desaparecido un billete de 100 euros que tenía en su cuarto. Su hijo le cuenta a su papá que las llamas de ese billete fueron las más bonitas,…El papá, con mucha paciencia y dominándose a sí mismo para no enfadarse, le explica a su hijo el valor de esos papeles y que no son como otros que no tienen valor; le mira con mucha seriedad y le ordena que no lo vuelva a hacer. Es la primera vez que el niño entiende el valor del dinero.

Nosotros somos, muchas veces, como este niño. No valoramos lo que tenemos y creemos, en nuestra ignorancia, que todo es igual, que todo vale lo mismo o que no vale nada. Pero, no es así.

La misericordia puede ser este "billete" que consideramos un papelucho normal y corriente. Podemos considerarla algo que no le cuesta nada a Dios y que es algo fácil y barato, sencillo de conseguir cuando la necesitamos.

¿Cuándo banalizo y considero así la misericordia? Anoto aquí tres actitudes equivocadas que a veces nos pueden tocar en nuestro vivir cotidiano:

- Cuando no la necesito ni la busco; cuando vivo sin ella porque no sé su precio. Mi vida cristiana se centra más en los mandamientos, en ir a Misa, en mi esfuerzo, en tranquilizar mi conciencia y vivir en paz.
- Cuando la uso mal, la desprecio. Es decir, cuando abuso de ella. Esto tiene que ver mucho con mi vida de pecado, con mis apegos y mi desorden de vida; cuando no quiero o no puedo cambiar ciertas cosas. Me confieso, pido perdón a Dios pero sigo aceptando ciertas cosas que están mal en mi vida. Dicho con una imagen: le pego una bofetada a un amigo y después le pido perdón para, en un segundo momento, darle otra bofetada, pedirle perdón,…así, hasta el infinito. Así, nunca valoraré a mi amigo porque no lo respeto, abuso de él para mi conveniencia.
- Cuando no lloro mis pecados, cuando no me arrepiento de veras de mi conducta, de las ofensas a Dios y a mi prójimo. Vivo una vida cristiana superficial, al estilo de "compro, uso y

tiro". Según mi conveniencia e intereses. Así, no nos ilusionemos de que nuestra vida cristiana sea mediocre, tibia, poco atractiva para mí y para los demás.

No podemos rebajar la misericordia, no darle su valor. Si no, no la valoraremos y abusaremos de ella. Si he perdido el móvil (celular) de mi amigo, él me puede perdonar pero el móvil lo debo pagar yo a no ser que él también me lo perdone. Esto es misericordia, perdonar todo, incluso las consecuencias. Y, esto cuesta.

La misericordia le ha costado mucho a Dios, ¡ha costado la Pasión del Hijo de Dios, sus sufrimientos en la cruz, su Muerte! *"...sabiendo que habéis sido rescatados de la conducta necia heredada de vuestros padres, no con algo caduco, oro o plata, sino con una sangre preciosa, como de cordero sin tacha y sin mancilla, Cristo,"* (I Pedro 1,18-19).

GPS 10 No es señal de debilidad, no es tolerar el mal.

"Ya. Éste perdona porque no tiene el coraje de llevar este asunto a los tribunales, de hacer justicia".

Hay un poder que es el judicial, el que hace justicia. No todos los hombres tienen acceso a él. Esta misericordia es entendida, erróneamente, como ausencia de justicia. Una misericordia que es estar atado de manos, que es un no poder actuar por las consecuencias que traería el hacerlo, por el miedo a las represalias. Es el perdón, si es que lo hay, del que no puede hacer justicia, del pobre que no tiene poder, ni voz, ni voto. Es el silencio del que se sabe perdedor de la causa aunque la razón y el sentido moral le dieran su apoyo.

¡Cuánto de esto hay en este mundo que nos rodea! ¡Que nos lo digan los abogados! ¡Cuántas causas justas perdidas antes de llegar a los tribunales!

Ya Jesucristo nos cuenta el caso de la viuda inoportuna que pide al juez que le haga justicia. Y es un juez inicuo, malo que no temía a Dios ni respetaba a los hombres,… (Lc 18, 1-8). Por lo que estamos hablando de una realidad del hombre de todos los tiempos.

"En la ciudad de Gela, en Sicilia, Mons. Michele Pennisi en agosto del 2015 contestaba a los periodistas: *conociendo la costumbre de los mafiosos, he prohibido el funeral solemne del capo de la mafia de común acuerdo con las autoridades, pero he permitido el*

funeral privado en el cementerio para sus familiares. Ninguno puede quedar excluido de la misericordia de Dios pero conviene recordar que ésta nos ha sido donada a muy caro precio con el sacrificio de Cristo y no puede ser vendida a precio de liquidación. Para evitar episodios similares hace falta más valentía y claridad de parte del clero y una mayor colaboración con las autoridades que podrían prohibir semejantes manifestaciones. Un funeral solemne se transformaría en una comedia popular napolitana cuyo fin sería, no tanto el invocar la misericordia de Dios sobre un hombre que había cometido tantos pecados para suplicar el perdón de Dios sino el de exaltar a un capo de un clan mafioso.

¡Cuántas veces los cristianos somos cobardes y callamos ante las injusticias! ¡Cuántas veces somos cómodos en "dejar pasar y dejar hacer" pues, en definitiva, ¿qué hay de malo en ello? ¡Cuántas omisiones, cuántos silencios, cuántos miedos!

La verdadera misericordia no es tolerar el mal. Es decir, aguantar el mal, no denunciarlo, callarse y no hacer nada por cambiarlo. Mirar para otro lado y no ver. ¡No! Es verdad que no hay que juzgar por aquello que dijo el Señor: *"No juzguéis y no seréis juzgados; no condenéis y no seréis condenados. Perdonad y seréis perdonados"* (Lc 6, 37). Pero, el no juzgar, el no condenar o perdonar no significa que dejemos de reconocer el mal, que lo denunciemos y que intentemos socorrerlo. Una cosa es, por tanto, juzgar al pecador y otra, aborrecer el pecado e intentar socorrer el mal. De lo que se trata con la misericordia es de vencer el mal con el bien (Rm 12, 21)

Esta es una manifestación de que no hemos entendido la misericordia de Dios que está llena de justicia y que supera la justicia humana. De una misericordia que nos pide más amor, más compromiso, más sacudir la indiferencia, más trabajo, más lucha y esfuerzo.

La misericordia auténtica requiere más fortaleza y dominio de sí, más valentía que una simple venganza, que una justicia llevada a término. Dios misericordioso nos muestra su poder a través de su Misericordia.

"Por casualidad, un sacerdote bajaba por aquel camino y, al verlo, dio un rodeo y pasó de largo" (Lc 10, 31)

GPS 11 Tener misericordia no es un simple sentimiento y emoción

¡Cuántas veces hemos visto un video de *Youtube* que nos ha impresionado y emocionado! Que nos hace sentirnos mejores porque produce en nosotros un sentimiento humano y nos despierta nuestra sensibilidad. Pues bien, la misericordia no es solo un emocionarse. Es mucho más que un sentimiento, que una emoción. Nos envuelve todo lo que somos, nos lleva a involucrarnos y a comprometernos con el prójimo que sufre. La sensibilidad y las emociones nos encienden para, en un segundo momento, pasar a la acción.

Seguramente te viene a la mente la parábola del Buen Samaritano. La verdad es que podemos aprender mucho de ella para vivir y practicar la misericordia. Este hombre "tuvo compasión" del que cayó en manos de salteadores.

Y no quito ni un ápice a la importancia de la sensibilidad y las emociones personales ante las necesidades y el sufrimiento ajeno. Ya nos invitaba así la Madre Teresa de Calcula: "Ama hasta que te duela", porque el amor misericordioso nos hará sufrir y llorar muchas veces.

Pero, ¿qué nos pasa? Que indignarnos y conmovernos ante el mal, el sufrimiento, la muerte es un mostrar debilidad personal frente a los demás. Y como nadie quiere mostrar sus debilidades, ¿qué hacemos? Nos mostramos hieráticos, fríos, secos. Apagamos o reprimimos nuestras emociones. Y, ante el tráfico y bombardeo de noticias fuertes y trágicas constantes, pasamos olímpicamente a un estado de frialdad y de insensibilidad que nos hacer ser menos humanos y que a mí, en lo personal, me asusta constatarlo.

También nos es fácil que, en una sociedad tan "emotivista" como la nuestra, nos quedemos en un nivel sentimental y emotivo olvidando remediar auténticamente la miseria con todos los medios posibles, incluida la gracia de Dios que todo lo puede.

No olvidemos: lo propio de la misericordia es curar el mal, por eso se necesita una relación con el prójimo desde la verdad. Es necesario reconocer las heridas, nombrarlas en su verdad y tratar de curarlas. El samaritano "acercándose, vendó sus heridas, echando en ellas aceite y vino; y montándole sobre su propia cabalgadura, le llevó a una posada y cuidó de él."

¿Quién de estos tres te parece que fue prójimo del que cayó en manos de los salteadores?» El dijo: «El que practicó la misericordia con él». Díjole Jesús: «Vete y haz tú lo mismo». (Lc 10, 37)

Vayamos y procuremos hacer lo mismo.

GPS 12 La misericordia no es contraria a la justicia

Un asesino merece una pena, el ladrón un castigo y el corrupto una sanción. Una misericordia que omita esta justicia nos lleva al estado sin ley, al desorden, a una sociedad y un país sin estado de derecho. Y así, no se puede vivir. ¿Es ésta la misericordia que estamos llamados a vivir? ¿Una misericordia que no tiene en cuenta la justicia elemental? De ninguna manera.

El Papa Benedicto XVI nos ilumina al respecto: *"La protesta contra Dios en nombre de la justicia no vale. Un mundo sin Dios es un mundo sin esperanza (cf. Ef 2,12). Sólo Dios puede crear justicia. Y la fe nos da esta certeza: Él lo hace. La imagen del Juicio final no es en primer lugar una imagen terrorífica, sino una imagen de esperanza; quizás la imagen decisiva para nosotros de la esperanza. ¿Pero no es quizás también una imagen que da pavor? Yo diría: es una imagen que exige la responsabilidad. Una imagen, por lo tanto, de ese pavor al que se refiere san Hilario cuando dice que todo nuestro miedo está relacionado con el amor. Dios es justicia y crea justicia. Éste es nuestro consuelo y nuestra esperanza. Pero en su justicia está también la gracia. Esto lo descubrimos dirigiendo la mirada hacia el Cristo crucificado y resucitado. Ambas –justicia y gracia– han de ser vistas en su justa relación interior. La gracia no excluye la justicia. No convierte la injusticia en derecho. No es un cepillo que borra todo, de modo que cuanto se ha hecho en la tierra acabe por tener siempre igual valor. Contra este tipo de cielo y de gracia ha protestado con razón, por ejemplo, Dostoëvskij en su novela "Los hermanos Karamazov". Al final los malvados, en el banquete eterno, no se sentarán indistintamente a la mesa junto a las víctimas, como si no hubiera pasado nada". (Spes Salvi 44)*

Dios llama a las cosas por su nombre pero lo hace desde la misericordia. Y el castigo, la penitencia, la pena están envueltos en la misericordia y ésta va más allá de la reparación del delito cometido.

Debido a la imagen falsa que nos domina acerca de la misericordia -podríamos llamarlo: *"misericordismo"*-, nos es muy frecuente encontrarnos personas que piensan que Dios perdona todo, que no existe el infierno y que incluso digan que no tienen necesidad de la Iglesia y de que ellos se la verán a solas con Dios, al puro estilo protestante. La misericordia de Dios no puede ser entendida como un *"buenismo"* vacío, como una liberación de los mandamientos de Dios. No tendría sentido. Al contrario, la misericordia de Dios para ser correctamente entendida no se puede disociar de la santidad y la justicia divinas; si no, significaría que no tomamos en serio la realidad del pecado.

Es verdad, Dios es infinitamente justo y misericordioso. No entendemos bien cómo se pueden hermanar estas dos características en Dios, pero se hermanan. Difícilmente podemos nosotros lograrlo en nuestro pensar y actuar. Y podemos afirmar que la misericordia de Dios, reconociendo la justicia, la supera. La misericordia va más allá de la justicia porque es capaz, mediante la gracia divina, de volver a unir al hombre con Dios después del pecado que es la peor de las miserias. Dios, con su amor misericordioso, no crea leyes contrarias a la justicia sino que regenera lo que la justicia, por sí sola, no está en condiciones de lograr. Por decirlo de algún modo: la misericordia está llena de justicia, desborda justicia, es la mejor de las justicias.

Fijémonos en Cristo, encarnación de la misericordia, y su actuar con los enfermos, los pobres y los pecadores. Al mismo tiempo que les anuncia la verdad - Él mismo- , les remedia sus males, los cura y les perdona los pecados advirtiéndoles que no pequen más. Así ocurrió con Zaqueo (*Lc* 19, 1-10); con el ciego de Jericó (*Lc* 18, 35-43); con la mujer adúltera (*Jn* 8, 1-11), la mujer samaritana (*Jn* 4, 5-29) y el samaritano (*Lc* 10, 30-37) y con tantos otros. Su misericordia repara el mal, endereza vidas humanas, invita a una nueva vida y sin pasar por alto la justicia. La misericordia no es injusta. Es la mejor cara de la justicia.

¡Es aquí donde hay que llegar!

Escribe con mayúsculas: MISERICORDIA. La Biblia usa palabras que contienen un rico significado. ¡Disfrútala!

GPS 13 Misericordia es Fidelidad

La palabra "Misericordia" es rica y es un término que aparece mucho en la Biblia. En primer lugar, vemos que usa la palabra hebrea "HESED" para hablarnos de la misericordia.

"HESED" significa bondad y fidelidad. La relación entre dos personas se basa en un compromiso interior donde no sólo se ve reflejada una benevolencia recíproca sino que existe una fidelidad entre ambas. Por esta fidelidad personal se da una relación de amor y de gracia. ¡Ojalá nuestras amistades tuvieran esta característica! Dios, por esta "Hesed" (misericordia) mantendrá su fidelidad por encima de la infidelidad del pueblo de Israel, de su traición, de su pecado. Dios que no puede ser otro que Él mismo, que no puede traicionarse a sí mismo, que no puede dejar de ser quién es. Como si nos dijera: "Es que soy así, ¿qué quieres que haga?"

Nos acercamos a este texto del profeta Oseas que tan bien refleja este "HESED":

"Cuando Israel era joven lo amé y de Egipto llamé a mi hijo. Cuanto más los llamaba, más se alejaban de mí: sacrificaban a los baales, ofrecían incienso a los ídolos. Pero era yo quien había criado a Efraín, tomándolo en mis brazos; y no reconocieron que yo los cuidaba. Con lazos humanos los atraje, con vínculos de amor. Fui

para ellos como quien alza un niño hasta sus mejillas. Me incliné hacia él para darle de comer. Volverán a la tierra de Egipto, Asiria será su rey, ya que rehusaron convertirse. Se abatirá la espada sobre sus ciudades, aniquilará sus defensas, los devorará por culpa de sus decisiones. Mi pueblo está sujeto a su apostasía. También claman hacia lo alto pero el ídolo no puede salvarlos. ¿Cómo podría abandonarte, Efraín, entregarte, Israel? ¿Podría entregarte, como a Admá, tratarte como a Seboyín? Mi corazón está perturbado, se conmueven mis entrañas. No actuaré en el ardor de mi cólera, no volveré a destruir a Efraín, porque yo soy Dios, y no hombre; santo en medio de vosotros, y no me dejo llevar por la ira. (Oseas 11, 1-9)

Dios es fiel a sí mismo por ser quién es, porque no se puede contradecir en su más íntima esencia. Cuando el pueblo de Israel quebrantaba la alianza pactada con Yahvé y no respetaba sus condiciones, Dios mismo no estaba obligado a cumplirla sin embargo, por su "HESED", por su bondad y fidelidad, muestra a los hombres una realidad más profunda de su amor, un amor que se da, un amor más fuerte que el pecado y la traición.

¡Qué paz y qué serenidad nos da un Dios así! ¡Cómo podemos fiarnos de un Dios que no falla a su amor por nosotros, a pesar de nosotros! ¡Quién pudiera tener un Dios así, siempre! Pero, ¡es que lo tenemos!

La forma de actuar de Dios es ésta: nos quiere ganar con su FIDELIDAD, con su LEALTAD.

El pueblo elegido, por esta fidelidad de Dios, espera y confía en Él. Así canta: *"Cantaré eternamente las misericordias del Señor, anunciaré tu fidelidad por todas las edades. Porque dije: "Tu misericordia es un edificio eterno, más que el cielo has afianzado tu fidelidad" (Salmo 88).*

"Jerusalén, Jerusalén,...cuántas veces intenté reunir a tus hijos, como la gallina reúne a los polluelos bajo sus alas, y no habéis querido" (Mt 23, 37)

GPS 14 La misericordia es amor entrañable

Hay otro vocablo hebreo en el antiguo testamento que nos habla de la misericordia y que nos enriquece su significado: "Rahamim". Esta palabra representa el amor de una madre. "Rehem" significa vientre, regazo, seno materno. De este vínculo profundo y naciente, de esta unidad que liga la madre al hijo, surge una particular relación y un especial amor. Es el amor de una madre por su hijo, un amor gratuito, no fruto de ningún mérito; un amor que es como una necesidad interior, una exigencia del corazón.

"Hesed" nos ponía en evidencia la fidelidad de Dios mismo y su responsabilidad con su amor. Esto es, por así decir, de cariz masculino. Ahora bien, con "rahamim", la misericordia de Dios se enriquece con matices femeninos, maternos. Y de esta perspectiva materna se generan una gama de sentimientos como la bondad, la ternura, la paciencia, la comprensión y la prontitud en el perdonar. El profeta Isaías escribe:

Sion decía: «Me ha abandonado el Señor, mi dueño me ha olvidado». ¿Puede una madre olvidar al niño que amamanta, no tener compasión del hijo de sus entrañas? Pues, aunque ella se olvidara, yo no te olvidaré. (Is 49, 15)

¡Qué grande es esta misericordia de Dios! Juan Pablo II describe este amor misericordioso como "fiel e invencible", gracias a la fuerza de la maternidad que lleva a Dios NS a salvar al ser humano del peligro, al perdón por los pecados y a la prontitud en cumplir las promesas, no obstante su respuesta infiel.

Dice el Papa Francisco: *"Así pues, la misericordia de Dios no es una idea abstracta, sino una realidad concreta con la cual Él revela su amor, que es como el de un padre o una madre que se conmueven en lo más profundo de sus entrañas por el propio hijo. Vale decir que se trata realmente de un amor "visceral". Proviene desde lo más íntimo como un sentimiento profundo, natural, hecho de ternura y compasión, de indulgencia y de perdón."* (MV 6)

"Tanto amó Dios al mundo que dio a su Hijo único" (Jn 3, 16)

Y no nos quedemos en un amor "dulzón", meloso, emotivo de una madre que permite sin límites los caprichos de sus hijos. ¡No! Sino en un amor materno que, a veces, desde las entrañas de su ser de madre, nos tiene que exigir, corregir, para evitar perdernos y equivocarnos pues nos quiere firmes, sanos y plenamente personas.

"Se le acerca un leproso, suplicándole de rodillas: "Si quieres, puedes limpiarme". Compadecido, extendió la mano y lo tocó diciendo: Quiero, queda limpio" (Mc 1, 40-41)

GPS 15 Misericordia= miseria + corazón

La palabra latina "Misericordia" proviene de dos palabras: miseria y corazón. Unidas en una sola. No separadas. Así, la miseria que está unida a un corazón que ama, se convierte en misericordia, en amor, en paz, consuelo, plenitud. Esto es lo que significa misericordia.

La miseria es propia de los seres humanos. El corazón, de Dios. Y, si tenemos un corazón semejante al suyo, también el hombre así será misericordioso.

No sé si has visto alguna vez la miseria humana… Cuando nos cuentan que la Madre Teresa de Calcuta recogía enfermos con gusanos,…quizá nos deja igual, sin que nos inmutemos. Como cuando vemos las noticias de los campos de refugiados en África donde malviven decenas de miles de personas, posiblemente nos quedemos tan tranquilos, sin cambiar en nada. El problema de nuestro mundo es que nada nos impresiona ya. ¡Hemos visto tanto de lo mismo! ¿Qué nos hace falta para palpar la miseria humana? ¿Tocarla? ¿Sufrirla en carne propia? ¡Quizá sí!

Es miserable el hombre que está sin patria, el emigrante o refugiado en un país extranjero, en exilio; el hombre que vive en el dolor, en la pobreza extrema, la aflicción o la preocupación. Es miserable la mujer estéril, la esposa rechazada por su marido, el joven que no encuentra trabajo. Es miserable el niño de la calle, sin hogar, sin familia. Es miserable el drogadicto o el borracho. Es miserable el ser humano que ve a años luz el verdadero amor. Es miserable el pecador, el que ha tirado su dignidad de hijo de Dios por el balcón de su alma. Es miserable el hombre infeliz, que mendiga pedazos de felicidad, que se vende por migajas pobres e insípidas.

¡Ojalá que la miseria humana nos conmueva! Ya sería un gran paso,…pero no podemos quedarnos ahí, sin abrir nuestro corazón, sin ayudar, sin ser el "buen samaritano" para ellos. Dios coloca su Corazón junto a la miseria del hombre; no la rehúye, no la esquiva ni la ignora. Hagamos nosotros lo mismo. *"Quien desprecia a su prójimo peca, dichoso quien se apiada del pobre" (Prov. 14, 21).* Para el miserable, la oración y la Palabra de Dios son una consolación.

El Papa Francisco, por su parte, nos invita a poner nuestro corazón al lado del de nuestros hermanos, a ser buenos samaritanos: *"En este Jubileo la Iglesia será llamada a curar aún más estas heridas, a aliviarlas con el óleo de la consolación, a vendarlas con la misericordia y a curarlas con la solidaridad y la debida atención. No caigamos en la indiferencia que humilla, en la habitualidad que anestesia el ánimo e impide descubrir la novedad, en el cinismo que destruye. Abramos nuestros ojos para mirar las miserias del mundo, las heridas de tantos hermanos y hermanas privados de la dignidad, y sintámonos provocados a escuchar su grito de auxilio".* (MV 15)

Cuentan que la Madre Teresa, al recibir la noticia de un pobre que pedía una cama en su casa de acogida, ella respondió: "a enfermo inesperado, cama inesperada" y le buscó un espacio. Que nosotros hagamos lo mismo, no tengamos miedo de acercarnos a la miseria de nuestros hermanos y ser verdaderamente misericordiosos.

Señales que nos recuerdan el camino

Si las ves, si te paras a conocerlas y vivirlas, vas bien.
Llegarás a la meta, sin duda alguna.

GPS 16 La imagen

Quizá todos hemos visto la imagen de Jesús Misericordioso, que también se conoce como la imagen del Cristo Misericordioso. Es una imagen extraordinaria, no sólo por ser tan conocida en tantos países, sino sobre todo porque su co-autor es Jesús mismo, quien se apareció a santa Faustina mostrándose según aparece en la imagen cuando ella se encontraba en su celda, en el convento de la Congregación las Hermanas de la Madre de Dios de la Misericordia, en Plock, el 22 de febrero de 1931. Allí Jesús le pidió que pintara esta imagen. *Al anochecer, estando en mi celda* – narraba en su Diario santa Faustina – *vi al Señor Jesús vestido con una túnica blanca. Tenía una mano levantada para bendecir y con la otra tocaba la túnica sobre el pecho. De la abertura de la túnica en el pecho, salían dos grandes rayos: uno rojo y otro pálido* (…). *Después de un momento, Jesús me dijo: Pinta una imagen según el modelo que ves, y firma: Jesús, en Ti confío. Deseo que esta imagen sea venerada primero en su capilla y luego en el mundo entero* (Diario 47).

La primera imagen de la Divina Misericordia fue pintada en 1934 por el pintor Eugeniusz Kazimirowski en su estudio de Vilna, bajo la supervisión y la atenta mirada de Sor Faustina. Desde entonces, se han pintado varias versiones diferentes de la imagen del Cristo Misericordioso.

"Oh Jesús mío, cada uno de tus santos refleja una de tus virtudes. Yo deseo reflejar tu corazón compasivo y lleno de misericordia. Que tu misericordia, oh Jesús, quede impresa en mi corazón y mi alma como un sello y éste será mi signo distintivo en esta vida y en la otra". (diario 1242)

La imagen, pues, fue pintada por voluntad expresa del mismo Jesús. Y nos puede ayudar mucho en nuestro buscar este perdón y misericordia de Dios. De su Corazón brotan estos dos rayos: el de color rojo que nos recuerda su Sangre; el de color pálido que nos recuerda el agua y nuestro bautismo; sangre y agua que brotaron del Corazón traspasado de Jesús en la cruz. Jesús prometió conceder todas las gracias y bendiciones temporales (si son conformes a la voluntad de Dios), siempre y cuando se rece ante la imagen de Jesús Misericordioso con una oración confiada, y que esta oración vaya acompañada de la práctica de actos y obras de misericordia para con el prójimo; pero el Señor también asoció a esta oración confiada unas promesas particulares: la gracia de la salvación, el progreso decidido en el camino de la perfección cristiana y la gracia de una muerte feliz.

Así pues, os dejo aquí esta imagen para que la conozcáis. Si os ayuda a tenerla presente y rezarla, adelante. Os recuerdo que no se trata de algo mágico ni automático. Es mucho más: se trata de venerar a Jesús mismo, encarnación de la Misericordia del Padre.

GPS 17 Una oración*

+ " ¡Cuantas veces respira mi pecho, cuantas veces late mi corazón, cuantas veces pulsa la sangre en mi cuerpo, esa cantidad por mil, es el número de veces que deseo glorificar Tu misericordia, oh Santísima Trinidad!

+ ¡Deseo transformarme toda en Tu misericordia y ser un vivo reflejo de Ti, oh Señor! Que este más grande atributo de Dios, es decir, su insondable misericordia, pase a través de mi corazón al prójimo.

Ayúdame, oh Señor, a que mis ojos sean misericordiosos, para que yo jamás recele o juzgue según las apariencias, sino que busque lo bello en el alma de mi prójimo y acuda a ayudarla.

Ayúdame a que mis oídos sean misericordiosos para que tome en cuenta las necesidades de mi prójimo y no sea indiferente a sus penas y gemidos.

Ayúdame, oh Señor, a que mi lengua sea misericordiosa para que jamás hable negativamente de mis prójimos sino que tenga una palabra de consuelo y perdón para todos.

Ayúdame, oh Señor, a que mis manos sean misericordiosas y llenas de buenas obras para que sepa hacer sólo el bien a mi prójimo y cargue sobre mí las tareas más difíciles y más penosas.

Ayúdame a que mis pies sean misericordiosos para que siempre me apresure a socorrer a mi prójimo, dominando mi propia fatiga y mi cansancio. Mi reposo verdadero está en el servicio a mi prójimo.

Ayúdame, oh Señor, a que mi corazón sea misericordioso para que yo sienta todos los sufrimientos de mi prójimo. A nadie le rehusaré mi corazón. Seré sincera incluso con aquellos de los cuales sé que abusarán de mi bondad. Y yo misma me encerrare en el misericordiosísimo Corazón de Jesús. Soportaré mis propios sufrimientos en silencio. Que tu misericordia, oh Señor mío, repose dentro de mí.

+ Tú Mismo me mandas ejercitar los tres grados de la misericordia. El primero: la obra de misericordia, de cualquier tipo que sea. El segundo: la palabra de misericordia; si no puedo llevar a cabo una obra de misericordia, ayudaré con mis palabras. El tercero: la oración. Si no puedo mostrar misericordia por medio de obras o palabras, siempre puedo mostrarla por medio de la oración. Mi oración llega hasta donde físicamente no puedo llegar. Oh Jesús mío, transfórmame en Ti, porque Tú puedes hacer todo.

Diario de Santa Faustina María Kowalska, nº 163.

"Y lo que pidáis en mi nombre, yo lo haré, para que el Padre sea glorificado en el Hijo" (Jn 14, 13)

GPS 18 La Coronilla

Una oración que va unida a esta devoción a la Misericordia divina es esta coronilla. Se puede rezar en cualquier momento. No es necesario rezarla a las 15.00 de la tarde. Se recomienda hacerla de una manera especial desde el Viernes de Pasión hasta la Fiesta de la Divina Misericordia.

Significado. La Coronilla de la Divina Misericordia tiene un contenido muy rico, así que merece la pena detenernos a considerar el significado de las palabras y de las frases. La oración, en su totalidad, está dirigida a Dios Padre, a quien ofrecemos a su amado Hijo en propiciación por nuestros pecados y por los del mundo entero, y suplicamos por los méritos de su dolorosa Pasión, rogando para que nos conceda la misericordia a nosotros y al mundo entero. Al rezar esta oración, participamos del sacerdocio común de Cristo, ofreciendo a Dios Padre, a su amado Hijo *en propiciación por nuestros pecados y los del mundo entero.*

... En la Coronilla, pedimos *la misericordia para nosotros y para el mundo entero.* El pronombre *nosotros* se refiere a la persona que está rezando esta oración y a las personas por las que ésta desea y debe rezar. En cambio al decir *para el mundo entero* nos referimos a todas las personas que viven en el mundo y a las almas que sufren en el purgatorio. Así, cuando rezamos con fidelidad la Coronilla de la Divina Misericordia, al mismo tiempo estamos llevando a cabo un acto de misericordia para con el prójimo, que es la condición para poder recibir la misericordia de Dios.

Promesas. Jesús asoció grandes promesas a esta oración, siempre y cuando se viva la devoción correctamente, es decir, en un espíritu de confianza hacia Dios y de misericordia hacia el prójimo. Esta confianza debería expresarse por la perseverancia en la oración; cuanto más confianza haya en la oración, tanto más perseverancia habrá en el rezo de la Coronilla. Jesús dijo a Sor Faustina que a través de la Coronilla se podrá recibir todo lo que se pida, pero nunca afirmó que la respuesta sería inmediata, justo después de haberla rezado una sola vez, a excepción de la gracia de una buena muerte. *A quienes recen esta coronilla, Me complazco en darles lo que Me pidan* (Diario 1541), y agregó: si (…) *no se pide algo que pueda oponerse a Mi voluntad* (Diario 1731).

Hay también unas promesas particulares referentes a la hora de la muerte, o más precisamente hablando, a la gracia de poder morir en estado de gracia, sin miedo ni terror alguno. Estas gracias no sólo están reservadas para las personas que al morir recen la Coronilla de la Divina Misericordia, sino también a aquellas por las que se rece la Coronilla en la hora de su agonía. *Defenderé como Mi gloria a cada alma que rece esta coronilla en la hora de la muerte, o cuando los demás la recen junto al agonizante, quienes obtendrán el mismo perdón. Cuando cerca del agonizante es rezada esta coronilla, se aplaca la ira divina y la insondable misericordia envuelve al alma y se conmueven las entrañas de Mi misericordia por la dolorosa Pasión de Mi Hijo* (Diario 811).

Jesús la prometió la gracia de una buena muerte, es decir, de la conversión y el perdón de los pecados, incluso con sólo rezar una sola vez la Coronilla en el espíritu de la devoción a la Divina Misericordia, o sea, en un espíritu de confianza hacia Dios (con fe, esperanza, caridad y humildad, así como con un profundo arrepentimiento por los pecados cometidos) y con una disposición para ejercer la misericordia al prójimo. *Hasta el pecador más empedernido, si reza esta coronilla una sola vez, recibirá la gracia de Mi misericordia infinita* (Diario 687).

La magnitud de las gracias asociadas a esta oración fue expresada por las palabras de Jesús a Sor Faustina: *por el rezo de esta coronilla acercas a Mí la humanidad* (Diario 929). Los sacerdotes deben recomendarla a los pecadores como la última tabla de salvación (Cf. Diario 687).

Así que, tenemos **5 motivos para rezarla**:

1. Jesús nos lo pide a través de Santa Faustina María Kowalska.

2. Se obtienen gracias extraordinarias

3. El Papa lo recomienda

4. Es sumamente fácil rezarla

5. Sólo toma cinco minutos

Cómo se reza en la práctica: Se utiliza un rosario común de cinco decenas.

1. Comenzar con la señal de la cruz, el Padre Nuestro, Avemaría, y Credo.
2. Al comenzar cada decena (cuentas grandes del Padre Nuestro) decir:
"Padre Eterno, te ofrezco el Cuerpo, la Sangre, el Alma y la Divinidad de Tu Amadísimo Hijo, Nuestro Señor Jesucristo, para el perdón de nuestros pecados y los del mundo entero."
3. En las cuentas pequeñas del Ave María:
"Por Su dolorosa Pasión, ten misericordia de nosotros y del mundo entero"
4. Al finalizar las cinco decenas de la coronilla se repite tres veces:
"Santo Dios, Santo Fuerte, Santo Inmortal, ten piedad de nosotros y del mundo entero."
5. Jaculatoria final
"Oh Sangre y Agua que brotasteis del Corazón de Jesús como una fuente de misericordia para nosotros, en Vos confío".
En el nombre del Padre, del Hijo y del Espíritu Santo. Amén.

GPS 19 La Hora

En esta hora procuramos permanecer en espíritu al pie de la Cruz de Cristo, a fin de suplicar la misericordia para uno mismo y para el mundo entero en virtud de los méritos de su Pasión. Sobre esta hora de la Misericordia, el Señor dijo a Sor Faustina: *A las tres, ruega por Mi misericordia, en especial para los pecadores y aunque sólo sea por un brevísimo momento, sumérgete en Mi Pasión, especialmente en Mi abandono en el momento de Mi agonía. Ésta es la hora de la gran misericordia para el mundo entero* (Diario 1320).

Es un momento de especial sacrificio pues es casi nuestra hora de almuerzo u hora de sobremesa. Pero , "el cristiano que medite atentamente en la vida, Pasión y Muerte del Señor, encontrará allí en abundancia, todo lo que le es necesario para progresar en su vida espiritual, sin necesidad de ir a buscar fuera de Jesús algo que le pueda aprovechar mejor", decía Tomás de Kempis en la Imitación de Cristo. Y la hora de la agonía de Jesús, es decir, las tres de la tarde, es un tiempo muy especial en la devoción a la Divina Misericordia.

El simple recuerdo o la meditación de la pasión de Jesucristo, decía San Alberto Magno, es más meritorio para el cristiano que ayunar durante todo un año a pan y agua todos los viernes, o disciplinarse sangrientamente cada semana, o rezar el salterio todos los días.

Y otro santo, San Alfonso María de Ligorio, decía: *"Nuestro tiempo no es tiempo de temor ya que somos testigos de un Dios que ofreció la vida para lograr hacerse amar. La Pasión de Jesús fue llamada un exceso, por lo cual nadie que la medite podrá seguirle a medias... ¿Quién podrá desesperarse o irritarse por lo injusto de sus sufrimientos viendo a Jesús herido y despedazado? ¿Quién rehusará sujetarse a las exigencias del bien común al recordar a Cristo obediente hasta la muerte? ¿Quién podrá temer si se abraza a la cruz de nuestro Redentor?"*

Jesús no propone una oración concreta para esta hora de las 3 de la tarde; más bien dijo que se podía, por ejemplo, rezar el Via Crucis, hacer la visita al Santísimo Sacramento y, si el tiempo no lo permite debido a las obligaciones, al menos, durante unos momentos, allí donde estemos, hay que tratar de unirse con Él cuando agoniza en la Cruz, aunque sólo sea por un breve momento. El objeto de esta oración es el misterio de la Pasión de Cristo. Esta oración en la Hora de la Misericordia debe cumplir ciertas condiciones: debe tener lugar a las tres de la tarde (cuando el reloj marca la hora exacta), debe dirigirse directamente a Jesús, y en nuestras súplicas y peticiones, hay que referirse a los méritos y al valor de su dolorosa Pasión.

No nos hará mal pensar y recordar todo lo que ha hecho Jesucristo N.S. por nosotros en su Pasión y Muerte en la cruz. ¡Cuánto que meditar, cuánto que

agradecer, cuánto que llorar, cuánto que amar y que
actuar!

"En el mundo tenéis tribulación; pero confiad, yo he vencido al mundo".
(Jn 16, 33)

GPS 20 La Fiesta

La fiesta de la Misericordia se celebra el segundo domingo de Pascua, que actualmente se conoce como el Domingo de la Divina Misericordia. La inscribió primero en el calendario litúrgico el cardenal Francisco Macharski para su Arquidiócesis de Cracovia (1985) y a conti-nuación algunos obispos polacos lo hicieron en sus diócesis. A petición del Episcopado de Polonia, el Papa Juan Pablo II, en 1995, instituyó esta fiesta en todas las diócesis de Polonia. El día de la canonización de Sor Faustina, el 30 de abril de 2000, el Papa instituyó esta fiesta para toda la Iglesia. Así que estamos, por así decir, estrenando fiesta.

La inspiración que condujo a la institución de esta fiesta en la Iglesia procedía del deseo que Jesús había comunicado a Sor Faustina. Jesús le dijo: *Deseo que el primer domingo después de la Pascua de Resurrección sea la Fiesta de la Misericordia* (Diario 299). *Deseo que la Fiesta de la Misericordia sea refugio y amparo para todas las almas y, especialmente, para los pobres pecadores. Ese día están abiertas las entrañas de Mi misericordia. Derramo todo un mar de gracias sobre las almas que se acercan al manantial de Mi misericordia. El alma que se confiese y reciba la Santa Comunión obtendrá el perdón total de las culpas y de las penas. En ese día están abiertas todas las compuertas divinas a través de las cuales fluyen las gracias* (Diario 699).

En diversas apariciones, el Señor reveló, no sólo cuándo había que celebrarse la fiesta en el calendario litúrgico de la Iglesia, sino también el motivo y el propósito de su institución, cómo preparar la fiesta, cómo debía ser su celebración y habló también de las grandes promesas asociadas con la fiesta. La mayor de ellas es la gracia "del perdón total de las culpas y de las penas" relacionada con la Santa Comunión recibida en este día después de una buena confesión (sin tener apego al más leve pecado), y vivida en el espíritu de la devoción a la Divina Misericordia; dicho de otro modo, se trata de tener una actitud de confianza hacia Dios y de ejercer de forma activa el amor al prójimo.

Con el fin de prepararnos debidamente para la Fiesta de la Misericordia podemos hacer una novena, rezando la Coronilla los 9 días que preceden a la Fiesta, a partir del Viernes Santo. Jesús le dijo a Sor Faustina: *Hija Mía, di que esta Fiesta ha brotado de las entrañas de Mi misericordia para el consuelo del mundo entero* (Diario 1517).

Cristo, la Misericordia hecha carne

No puedes decir que no lo has visto, que no has escuchado hablar de Él, que no te suenan algunos de sus pensamientos,…Cristo te enseñará el rostro más puro y diáfano de la misericordia.

GPS 21 Nace

El reto que tenemos "los cristianos viejos" - que somos todos nosotros- es asombrarnos y sorprendernos otra vez del misterio de Jesucristo. Tengo que reconocer que soy el primero que dice: "esto ya lo sé". Cómo decía aquél: "Esta película ya la vi". Y por esto, estamos como estamos.

El hecho de que Cristo nace de una mujer llamada María hace que Dios se haga presente en este mundo de forma humana. El Dios invisible se hace visible. Y Cristo se hace hombre en un momento de la historia determinado (5/6 a.C.), en una tierra concreta (Belén de Judá) y en una familia con apellidos judíos como bien sabemos de José y de María. Y Cristo, verdadero Dios y verdadero hombre, se quedará con nosotros para siempre.

No creemos en un Dios que es solo Espíritu. Creemos en un Dios que es también carne, que es uno como nosotros, que es también humano. ¡Esto es increíble! Y si Dios está presente, el Amor está presente. Un Amor que actúa, que se dirige al ser humano y abraza a toda la humanidad.

Jesucristo está presente en el mundo de hoy, Dios sigue haciendo milagros en el mundo de hoy, y decir esto, convencido de que es verdad, es muy fuerte y muy comprometedor.

Ya no nos sirve la excusa de que no vemos a Dios, porque Dios es Espíritu puro; no podemos excusarnos de que se nos hace invisible porque se ha hecho visible, uno como nosotros. *"La Palabra de Dios se hizo carne y habitó entre nosotros". (Jn 1, 14)*

Pero ya Jesucristo mismo echaba en cara esta falta de fe a uno de sus íntimos: *¿tanto tiempo que estoy con vosotros y, todavía no me conoces, Felipe?* (Jn 14, 9).

Por eso, al querer conocer la misericordia de Dios que es nuestro objetivo en este libro, nos podemos encontrar con este obstáculo real: no conozco a Cristo, no me he fijado en su misericordia, no la he experimentado. Es la cruda realidad: mi conocimiento del amor de Dios hecho misericordia es bajo, bajísimo. ¡Me falta tanto!

¿Cuál será, entonces, el camino para irla conociendo?

¡Jesucristo mismo!

Nace como uno de nosotros. Se nos hace visible y cercano, tierno como un niño, humilde y pequeño, silencioso y elocuente, aparentemente débil y necesitado pero realmente poderoso y potente. La Navidad es el misterio de un Dios que se nos acerca de tal manera que ninguno puede decir que se asusta o que no sabe cómo recibirlo. Todo ser humano puede recibir a este Niño en "su casa".

¿Por qué nace así? ¿Qué trae en su Corazón?

Él no puede hablar. Pero sí pueden hablar dos testigos muy cercanos de su nacimiento: su Madre y

José. Ellos nos pueden abrir esta puerta de su Corazón. Cómo canta Ella: *"Proclama mi alma la grandeza del Señor, ...su misericordia llega a sus fieles de generación en generación"* (Lc 1, 46,50) y, cómo *"conservaba todas estas cosas, meditándolas en su corazón".* (Lc 2, 19)

Ojalá pueda conocer un poco más a Jesucristo y su misericordia y abrirle mi vida sin miedo ni temor. *"Vino a los suyos y los suyos no lo recibieron" (Jn 1, 11)*

GPS 22 Empieza

Cristo empieza su ministerio público en el desierto de Judea. Pasa 40 días haciendo oración, ayunando y haciendo penitencia. La cuaresma que vivimos los cristianos nos recuerda este desierto. Aquí podemos abrirnos un poco más a su Misericordia. Veamos,...

No cabe duda de que un desierto es un lugar feo, árido, sin agua, con temperaturas extremas. Lugar de paso y no habitable.

La Iglesia, durante la Cuaresma, nos invita a pasar por aquí – no tengamos miedo- realizando, por así decir, tres deportes extremos, ¡como un triatlón!: ayuno, limosna y oración.

No podemos despreciar ninguno de los tres. Si rezas podrás hacer limosna; si ayunas, orarás mejor; si das limosna, tu oración será más auténtica y más abierta a las necesidades de los demás. Si dejas de hacer alguna de las tres, las demás sufrirán las consecuencias. Y tienes que estar atento para que este triatlón verdaderamente perfore tu corazón y tu conciencia, donde surgirán tus nuevos propósitos.

Te añado algún matiz a cada uno de estos "deportes", a la luz de la misericordia del Señor, para pasar por este desierto de manera decidida y fructuosa:

Ayuno: sin menospreciar para nada el ayuno corporal y el privarte de "manjares" y platillos que te gusten, te invito a no justificarte. Reconoce que te has equivocado, que has fallado mucho. No puedes seguir conviviendo con tus pecados, tus malas costumbres. Llama "al pan, pan; y al vino, vino". No tengas vergüenza de abrir los secretos del corazón a Dios en la oración y al sacerdote en la confesión. *"Nuestros pecados no son sino granos de arena ante la montaña que es la Misericordia de Dios" (Cura de Ars).*

Limosna: procura servir al prójimo, ayuda al necesitado,…Si tu estilo de vida es muy individualista y programado, con mayor razón. Hazte violencia y haz algo por alguien, aunque sea dar una sonrisa, escuchar,…

Oración: porque no sabes realmente qué es el pecado, tu más profunda miseria; porque no te das cuenta de la gravedad que entraña para ti y para los que te rodean; porque no puedes desembarazarte de él,…por ello, tu oración puede:

- ser esta: *"Misericordia, Dios mío, por tu bondad, por tu inmensa compasión borra mi culpa; lava del todo mi delito, limpia mi pecado. Pues yo reconozco mi culpa, tengo siempre presente mi pecado. Contra ti, contra ti solo pequé, cometí la maldad en tu presencia." (Sal 50, 3-6, Miserere)*

- contemplar (visualizar) la Pasión del Señor y repetir las veces que sea necesario: *"y todo esto lo has hecho por mí".*

- "llorar" tus pecados. *"Señor, Tú lo sabes todo, Tú sabes que te amo".(Jn 21, 17)*

El que me envió está conmigo, no me ha dejado solo; porque yo hago siempre lo que le agrada» (Jn 8, 29)

GPS 23 Habla y vive

Toda la vida de Cristo es un misterio. Y Él que nos presentó a su Padre como "rico en misericordia", se presenta como el ser humano que la hace real y visible con su palabra y con sus obras. Parémonos un momento al inicio de su vida pública cuando va a Nazaret y lee en la sinagoga delante de sus vecinos que lo han conocido desde pequeño:

«El Espíritu del Señor está sobre mí, porque él me ha ungido. Me ha enviado a evangelizar a los pobres, a proclamar a los cautivos la libertad, y a los ciegos, la vista; a poner en libertad a los oprimidos; a proclamar el año de gracia del Señor». (Lc 4, 18-19)

Cristo lee este pasaje del profeta Isaías (61, 1) y lo hace propio: Y él comenzó a decirles: «Hoy se ha cumplido esta Escritura que acabáis de oír» (Lc 4, 21). Cristo nos revela su misión. Una misión que tiene que ver con la misericordia. Viene a seres humanos pobres, pobres pues no tienen libertad; a los que viven con la aflicción del corazón, que sufren a causa de la injusticia social; a los pecadores,...

Jesucristo con su estilo de vida y con sus obras nos manifiesta que el Amor está presente en este mundo y que no está inactivo y que abraza a todo hombre. Y este Amor se hace palpable en el sufrimiento, en la injusticia, en la pobreza, en nuestra "condición humana". Y este Amor es, por ello, misericordia.

Y así nos lo dice al inicio de su vida pública: *"Dios me ha enviado para evangelizar a los pobres,..."*. Acerquémonos con sencillez y con fe a este Cristo y abrámosle nuestra "humanidad" con lo bueno y con lo malo, confiados en que Él ha venido a curarnos y sanarnos con su Misericordia, que todo lo puede.

No quiero explayarme mucho en ello pero basta recorrer un poco la vida pública de Nuestro Señor para darnos cuenta de que toda ella está envuelta en esta Misericordia. Bastan algunos ejemplos rápidos:

- se compadece constantemente al ver a sus hermanos, los hombres. *"Al desembarcar vio Jesús una multitud, se compadeció de ella y curó a los enfermos"*. *(Mt 14, 14; Mc 6, 34)*. Viendo a la viuda de Naín enterrando a su hijo (Lc 7, 13), al paralítico (Mt 9, 1-8), al ciego de Jericó (Mc 10, 46-52), a Jairo cuando le avisa de que ha muerto su hija (Lc 8, 40-56),...
- vibra con el pecador arrepentido y lo defiende frente a los demás:
  o la mujer pecadora sorprendida en adulterio (Jn 8, 1ss);
  o la mujer que va a llorar sus pecados en la casa del fariseo (Lc 7, 36-50) *« Por eso te digo: sus muchos pecados han quedado perdonados, porque ha amado mucho, pero al que poco se le perdona, ama poco»*;

- o a Mateo, futuro apóstol, con el que va a comer a su casa, (Mt 9, 9-13)
- o a Zaqueo (Lc 19, 1-9) y del que dice que no tienen necesidad de médico los sanos sino los enfermos,…
- su corazón sensible y profundo, con la profundidad de una Amor Divino hecho carne, no queda indiferente ante la negativa del joven rico, ante la dureza de los fariseos, ante Judas el traidor que lo busca acercar en todo momento; incluso en los momentos de su propio sufrimiento consuela a las mujeres que lloran camino del Calvario;
- su perdón llega a ser completo y total ante el buen ladrón al que asegura la salvación eterna en el "hoy" de su vida,…

Te invito, como a Juan Evangelista, a acercarte al Corazón de Jesús y a sentir sus latidos, a tocar sus vibraciones, a palpar su Amor que sufre, gime, canta y llora,…hasta actuar en todo su ser con rasgos de grande misericordia. Ojalá aprendamos a hacer lo mismo en nuestra propia vida.

GPS 24 Hasta el extremo

Un héroe te puede impresionar. Quizá te preguntes si existen todavía en el mundo real en el que vives,…y quizá, dudes. Esta anécdota puede confirmar tus sospechas:

En un muelle cerca de un mar algo agitado por las olas, se aglomeraban muchos curiosos pues había una persona que se debatía entre las olas a pocos metros con verdadero peligro de ahogarse. En esto, un joven salta al agua desde el muelle y, después de haber mirado al muelle y haber dicho algo ininteligible, se lanza a rescatar a esta persona. Lo logra y toda la gente se acerca a la orilla. Una señora curiosa y emocionada por este gesto heroico le pregunta a este joven qué idea tuvo en mente para lanzarse al rescate de este nadador. El joven le dijo sinceramente: "sólo pensé quién fue el desgraciado que me empujó al agua".

¿Hay héroes de verdad en este mundo? Puede que haya, y muchos, pero no son noticia.

Jesucristo pertenece a esta raza especial de seres humanos. Es un héroe. ¿Quién puede dar la vida por sus amigos cuando lo han traicionado y han perdido todo mérito para ello? ¿De qué otra manera más clara puede expresar su amor por cada uno de nosotros sino derramando su sangre por nosotros en una agonía y muerte en la cruz?

La ley del talión del ojo por ojo, diente por diente, mide y ajusta la justicia entre los hombres para que el agredido no exceda su venganza.

La ley del interés entre los hombres mide la participación y trabajo en cualquier negocio dependiendo de las ganancias que se obtienen.

La "ley" de la misericordia de Dios es de otro nivel, te rompe los esquemas: es la respuesta concreta de Dios a la ofensa del hombre. Es la sobreabundancia de la justicia de Dios que frena la violencia y el odio del corazón del hombre. Ofrece la otra mejilla; responde con amor y perdón a la violencia del hombre. Frena y vence el mal con el bien. ¡Qué difícil pero, qué necesario!

Martin Luther King lo expresa muy bien en estas palabras que dirigió en un sermón: *"Creo que la primera razón por la que debemos amar a nuestros enemigos, y creo que el mismo centro de pensamiento de Jesús fue el siguiente: "que el odio por el odio sólo intensifica la existencia del odio y el mal en el universo". Si te golpeo y tú me golpeas y yo te golpeo de vuelta y tú me vuelves a pegar, y esto continúa, usted ve, que esto nunca termina y continúas alto. Simplemente no se termina nunca. En algún lugar alguien debe tener un poco de sentido, y esa es la persona fuerte. La persona fuerte es la persona que puede cortar la cadena de odio, la cadena del mal. Y esa es la tragedia de odio, que no se corta. Sólo se intensifica la existencia del odio y del mal en el universo. Alguien debe tener la suficiente religión y la suficiente moral para cortar e inyectar dentro de la estructura misma del universo, ese fuerte y poderoso elemento del amor."* (Sermón de dominio público en la Iglesia Bautista Dexter Avenue, Montgomery, Alabama, el 17 de noviembre de 1957).

El reflejo más grande y más alto de la misericordia del Padre es Cristo en su Pasión y Muerte. Agradéceselo y aprende de Él.

GPS 25 Más fuerte

Si no amamos hasta perdonar, es que no estamos convencidos todavía de la fuerza de la misericordia.

Me acuerdo haber vivido personalmente una experiencia muy difícil en Santiago de Chile cuando el Papa Juan Pablo II hizo una visita a ese país en el año 1987. Era el 3 de abril. El Papa celebraba la Misa en el Parque O´Higgins para beatificar a Sor Teresa de los Andes, una carmelita descalza. El clima estaba "caliente" pues había grupos políticos que querían aprovechar esta visita para reclamar sus derechos y su justicia. Gobernaba Augusto Pinochet. Pues bien, ya desde el inicio de la Misa hubo pelea entre estos activistas y la policía. Un 20% de la gente tuvo que desalojar el parque. Desde el altar se veía todo. El Cardenal Fresno le sugería al Papa que dejase inconclusa la Misa pues así no se podía celebrar en paz. Nada. El Papa no le hizo caso. La Misa siguió adelante en medio de ruidos, jeeps, "guanacos"*, humo de llantas que ardían, gas lacrimógeno,…Después de la bendición final, el Papa dirigió estas palabras textuales: *"Queridos hermanos chilenos, agradezco a todos por vuestra participación "piena" de paciencia, "piena" de dignidad, "piena" de fe, "piena" de perseverancia, "piena" de amor. Y gritó: "¡El amor es más fuerte! Dejo a vosotros, queridos hermanos y hermanas, dejo al querido Chile, vuestra patria, esta prima beata chilena, sor Teresa de los Andes. Y, con ella, esta* *verdad, esta verdad, que el amor siempre más fuerte, siempre lleva la paz. Adiós, hermanos y hermanas. Muchas gracias".*

Y con la Resurrección, Cristo nos envía este mensaje: ¡El amor es más fuerte!

Cristo nos deja el sabor de una victoria. Otra vez. Y, si abrimos los ojos y verdaderamente lo vemos bien, la batalla para Cristo ha sido dura, muy dura. Por ello, su victoria todavía la podemos saborear más y mejor. ¡La misericordia de Dios ha vencido!

La última palabra no la tiene ni la venganza, ni el odio, ni la envidia, ni la guerra, ni la violencia, ni la muerte. El amor de Dios que nos perdona y nos salva tiene y tendrá siempre la última palabra. Este Amor vive ahora, este Amor se encarna en todo ser humano que toma la decisión de vivir con el corazón en Dios pero pisando esta tierra. Este Amor es capaz de hacer resucitar todo corazón humano que se vuelve a levantar de su caída y de su pecado. Este Amor de Dios que es misericordioso y que nos regenera a la nueva y auténtica vida.

Agradezcamos a Dios este don de su Resurrección que nos confirma en la esperanza de que ganaremos esta batalla cristiana del amor sincero a Él y a nuestros hermanos hecho misericordia.

---

*Una especie de camión cisterna con agua de alcantarillado que usaba la policía chilena para ahuyentar a manifestantes.

Parábolas de Cristo

Acércate con mente y corazón abiertos a estas
explicaciones sencillas de Cristo acerca de la
misericordia. Son muy ricas y muestran el corazón de
su Padre.

GPS 26 La oveja perdida

Queremos ser libres y que nadie nos diga lo que tenemos que hacer. Los límites nos molestan.

Vemos lo prohibido y decimos: ¿Por qué lo prohibido es siempre lo mejor y lo más atractivo?

Idolatramos la libertad por encima de todo. "Estamos condenados a ser libres", parafraseando a Sartre.

La medicina que nos puede curar esta libertad incontrolada, una libertad alejada de la verdad y del bien, es la misericordia de Jesucristo, el Buen Pastor. Me permito escribir otra parábola de la oveja perdida que nos puede ayudar a valorar el designio misericordioso de Dios con nosotros:

Una oveja descubrió un agujero en la cerca
y se escabulló a través de él.
Estaba feliz de haber escapado.
Anduvo errando mucho tiempo
y acabó desorientándose.

Entonces se dio cuenta
de que estaba siendo seguida por un lobo.
Echó a correr y a correr...,
pero el lobo seguía persiguiéndola.

Hasta que llegó el pastor,

la salvó y la condujo de nuevo,
con todo cariño, al redil.

Y a pesar de que todo el mundo
le instaba a lo contrario,
el pastor se negó a reparar
el agujero de la cerca.

(Anthony de Melo, el canto del pájaro)

Cada vez que decido por mí mismo tengo serias posibilidades de errar y de convertirme en oveja perdida. Jesucristo, mi buen Pastor, me buscará. Poco a poco, Él me irá enseñando a usar mi libertad para mi bien y el de los demás. Él lo hará con su paciencia y con su misericordia respetándome siempre.

«No tienen necesidad de médico los sanos, sino los enfermos». (Mt 9, 12)

GPS 27 La dracma perdida

O ¿qué mujer que tiene diez monedas, si se le pierde una, no enciende una lámpara y barre la casa y busca con cuidado, hasta que la encuentra? Y, cuando la encuentra, reúne a las amigas y a las vecinas y les dice: "¡Alegraos conmigo!, he encontrado la moneda que se me había perdido". Os digo que la misma alegría tendrán los ángeles de Dios por un solo pecador que se convierta» (Lc 15, 8-10)

¿Qué lección nos quiere dejar Jesús en esta parábola?

Primero: que la misericordia es gracia.

La dracma perdida somos nosotros.

Esta moneda tiene un valor. ¡Es una dracma! Era el sueldo de un día de trabajo. También nosotros tenemos un valor muy importante para Dios,…

Pero fijémonos que la moneda no tiene vida, ni libertad de movimientos. No es un ser vivo. La oveja perdida es un ser animado, se va del redil, lejos del rebaño, decide sus movimientos. La moneda no. Y se pierde dentro de casa. Podéis responderme: "es aquí donde no nos parecemos a la moneda, ¿entonces?"

Algo muy sencillo de entender,…la misericordia es una gracia que no depende de nosotros. Como la moneda no puede hacer nada por sí misma para ser encontrada sino que toda la acción de búsqueda depende de la mujer, así tampoco nosotros podemos hacer nada por dejarnos encontrar, por volver a Dios, por convertirnos mucho más profundamente si no es Dios el que actúa en nosotros o dentro de nosotros. (En el caso de la oveja, se ve todavía más claro pues cuanto más camina, más se aleja del redil). Nuestros méritos no obligan a Dios a concedernos lo que le pedimos; nuestras oraciones no valen nada si creemos que Dios se asombra de nuestros sentimientos y reflexiones delante suya. No merecemos la misericordia. Por eso es una gracia, algo gratis. Depende exclusivamente de Dios.

Segundo: puede que estemos perdidos. Porque una cosa es perderse fuera de casa y otra dentro de casa.

Nosotros nos consideramos en casa, somos buenos cristianos, le "echamos ganas", nos interesamos, vamos a Misa,…nos creemos los "buenos de la película". Y, quizá, estamos perdidos en casa. Somos como esta moneda.

Y éste es el pecado del cristiano más difícil de extirpar: el orgullo, la dureza, el creernos salvados, justos, como el fariseo que se creía bueno,…

Ojalá Cristo encienda la lámpara de nuestra fe y de nuestro amor, barra nuestra casa y nos purifique como Él lo sabe hacer, nos busque con cuidado y paciencia con su Misericordia y nos haga ver en qué estamos perdidos, dónde no somos suyos, donde nos gana el egoísmo, el orgullo, la comodidad,…

Ojalá Cristo, como esta mujer, nos encuentre y diga a todos: *"¡Alegraos conmigo!, he encontrado la moneda que se me había perdido".*

GPS 28 El hijo pródigo

No muchos días después, el hijo menor, juntando todo lo suyo, se marchó a un país lejano, y allí derrochó su fortuna viviendo perdidamente. Cuando lo había gastado todo, vino por aquella tierra un hambre terrible, y empezó él a pasar necesidad. Fue entonces y se contrató con uno de los ciudadanos de aquel país que lo mandó a sus campos a apacentar cerdos. Deseaba saciarse de las algarrobas que comían los cerdos, pero nadie le daba nada. Recapacitando entonces, se dijo: "Cuántos jornaleros de mi padre tienen abundancia de pan, mientras yo aquí me muero de hambre. Me levantaré, me pondré en camino adonde está mi padre, y le diré: Padre, he pecado contra el cielo y contra ti; ya no merezco llamarme hijo tuyo: trátame como a uno de tus jornaleros"» (Lc 15, 13-20)

Apelo a vuestra experiencia. Recordad el día cuando os ha sorprendido algún fenómeno de la naturaleza de manera fuerte y radical: una lluvia torrencial, granizada, terremoto, incendio, un mar alocado y destructivo, un huracán,… ¿Acaso no os sentisteis "una pulga", insignificantes, impotentes y buscasteis a toda costa salvar vuestro pellejo porque no sabíais ni cuándo ni cómo acabaría?

Algo así pasa con la fuerza del pecado en este mundo y en nuestro corazón. Cuando explota con toda su fuerza nos sentimos inermes porque nos puede hacer pedazos. Los dos hijos de la parábola manifiestan muy bien esto:

El hijo menor: estrena su libertad tomando la primera decisión equivocada (¡cuántas veces nos equivocamos al usar mal de nuestra libertad!): irse de su casa y alejarse de su padre. Quiere hacer lo que le da la gana, quiere vivir su vida, no depender ni dar cuentas a nadie, gastar "su" dinero (dinero ganado y sudado por su padre, no por él), divertirse, pasarlo bien, no poner límites al goce en lo que sea (alcohol, sexo, drogas,…); ambiciona lo último que sale en el mercado en móviles, ordenadores; vive del momento, compra-usa-tira, vive locamente,…La fuerza del pecado le ha quitado la posesión de la verdad, del verdadero bien, lo ha vaciado y dejado sin sentido,…*"empezó a pasar hambre"*

El hijo mayor: decide quedarse en casa, cerca de su padre. Trabaja para él. Lo hace bien, cumple exteriormente con todo, es fiel, cercano, obediente. Es el hombre sin problemas aparentemente. Pero el pecado ha ido haciendo con el tiempo una labor destructiva en profundidad, ha carcomido su corazón, lo ha endurecido. Esto le lleva a varias actitudes que se manifiestan: pierde confianza con su padre y no es capaz de pedirle nada ni siquiera un cabrito para festejar con sus amigos; critica a su padre por su manera de actuar con su hermano menor; juzga y condena a su hermano menor al que llama *"ese hijo tuyo"*; no se alegra de su regreso y rehúsa entrar a la fiesta.

¿Cuánto de estas dos semblanzas anidan en mi vida? ¿Puedo reconocer la labor destructiva que logra el pecado en mí?

Pero, en este análisis de nosotros mismos, no podemos olvidar que por encima de nuestra vida mísera y pecadora nos envuelve esta realidad inmensa que es la Misericordia del Padre. No nos asustemos solamente de la fuerza del pecado. Maravillémonos de la grandeza de la misericordia y del perdón de Dios.

"Cuando todavía estaba lejos, su padre lo vio y se le conmovieron las entrañas; y, echando a correr, se le echó al cuello y lo cubrió de besos" (Lc 15, 20)

GPS 29 El Padre de las misericordias

Él le dijo: "Hijo, tú estás siempre conmigo, y todo lo mío es tuyo; pero era preciso celebrar un banquete y alegrarse, porque este hermano tuyo estaba muerto y ha revivido; estaba perdido y lo hemos encontrado"». (Lc 15, 31-32)

Nos es muy fácil fabricarnos una falsa idea de Dios. Y la imagen del "Dios Justo" pesa mucho en nuestra conciencia, el "Dios castigador" que no nos deja pasar una,…y vivimos más con temor que con amor. Y esto no es correcto.

Por esto Cristo nos presenta en esta parábola quién es verdaderamente su Padre, un Padre lleno de misericordia, "rico en misericordia" que se refleja en muchos detalles:

- *Reparte* los bienes a sus hijos y no se arrepiente de ello
- Deja marchar al hijo menor y lo respeta en su decisión
- *Lo ve* cuando todavía está lejos de casa (lo quería ver todos los días,…)
- *Se le conmueven las entrañas* –cómo lo ve de mal, cómo le quiere-.
- *Corre hacia él.* Da el primer paso, se acerca, ofrece su mano,…como saldrá, después, por el hijo mayor que no quiere entrar a la fiesta.

- *Se le echa al cuello y lo cubre de besos.* Gestos de cariño, de amor, de afecto maternal. Rembrandt reflejará las dos manos de este padre que, también, es madre. Una mano, callosa y grande, de hombre; otra mano, fina y delgada, de mujer.
- Da la impresión de que no escucha a su hijo, de que no le importa lo que le está diciendo. Le basta verlo de vuelta, en casa.
- Le devuelve su dignidad de hijo: *túnica nueva, sandalias, anillo,…*
- *Organiza una fiesta y se alegra porque su hijo estaba muerto y ha revivido, estaba perdido y lo han encontrado.*

Un Padre que sabe escuchar, que sabe esperar, que sabe perdonar. Un Padre que se alegra cuando nosotros estamos alegres y reencontramos el buen camino. Un Padre que sabe que el Amor es más fuerte y que quiere vencer en cada corazón y en cada ser humano.

No sabemos si el hijo menor se fue otra vez de casa. No sabemos, tampoco, si el hijo mayor entró en la fiesta. La parábola queda abierta a esta realidad de lo que es el ser humano. Por ello, cada vez que me pregunto por qué Dios nos ha dejado esta fuerza del pecado en el mundo y en cada hombre, me respondo con este grito que lanza la Iglesia en el pregón pascual del Sábado Santo: "Feliz culpa que nos mereció tal Redentor". Y es que el pecado no lo es todo en nuestra vida sino Dios y su Amor. Y que Él luchará hasta el final de nuestra vida para que triunfe su Gracia, su Perdón. La vida nueva que Dios nos quiere regalar nos hace hermanos de

Jesucristo, Nuestro Redentor, nos une a Él de manera especial, nos hace recobrar el sentido de nuestra vida para vivirla para Él y solamente para Él.

"Al desembarcar vio Jesús una multitud, se compadeció de ella y curó a los enfermos". (Mt 14, 14)

GPS 30 El Buen Samaritano

«Un hombre bajaba de Jerusalén a Jericó, cayó en manos de unos bandidos, que lo desnudaron, lo molieron a palos y se marcharon, dejándolo medio muerto. Por casualidad, un sacerdote bajaba por aquel camino y, al verlo, dio un rodeo y pasó de largo. Y lo mismo hizo un levita que llegó a aquel sitio: al verlo dio un rodeo y pasó de largo. Pero un samaritano que iba de viaje llegó a donde estaba él y, al verlo, se compadeció, y acercándose, le vendó las heridas, echándoles aceite y vino, y, montándolo en su propia cabalgadura, lo llevó a una posada y lo cuidó. Al día siguiente, sacando dos denarios, se los dio al posadero y le dijo: "Cuida de él, y lo que gastes de más yo te lo pagaré cuando vuelva". ¿Cuál de estos tres te parece que ha sido prójimo del que cayó en manos de los bandidos?». Él dijo: «El que practicó la misericordia con él». Jesús le dijo: «Anda y haz tú lo mismo». (Lc 10, 30-37)

La compasión que sentimos por la desgracia ajena se une a la acción real y efectiva por ayudar. La misericordia se hace compasión y acción a la vez. Así se hace auténtica, verdadera.

"Del dicho al hecho hay un trecho", nos dice el refranero popular. No nos es fácil dar siempre este salto. Pero, ¡qué necesidad y qué urgencia que lo demos!

En Europa, abundan los jóvenes y adultos que se van por largas temporadas a América y a África para ayudar con asistencia sanitaria, evangelización, enseñanza básica,… Es algo admirable y laudable. Y regresan pletóricos, satisfechos. En el fondo gritan: ¡Vale la pena hacer esta experiencia!

La pregunta que me hago es ésta: ¿Por qué no continúan esta actitud en Europa, en sus casas, en sus ambientes? ¿Es que no estamos rodeados aquí de seres humanos, de prójimos, de "hombres que bajan de Jerusalén a Jericó" y que los vemos medio muertos? ¿Qué dificultades nos frenan para hacerlo? ¿Por qué no las podemos superar?

El Papa Francisco nos insiste con su palabra constantemente en esto. Y lo hace con su ejemplo sobre todo:

- Lampedusa (2013), *"la cultura del bienestar nos hace insensibles al grito de los demás, nos hace vivir en una burbuja de jabón, en una situación que lleva a la indiferencia hacia los otros. Nos hemos acostumbrado al sufrimiento del otro, no nos atañe, no nos interesa, no es cosa nuestra"*
- a una cárcel en México (febrero 2016), *«no hay lugar donde la misericordia no pueda llegar, no hay lugar ni persona que la misericordia no pueda tocar»* .
- en el hospital pediátrico "Federico Gómez" (febrero 2016), *«Quiero pedir a Dios que os bendiga, os acompañe a vosotros y a vuestros familiares, a todas las personas que trabajan en esta casa y hacen que estas sonrisas crezcan*

cada día más. A todas las personas que no solamente con medicinas sin con la "afectoterapia" ayudan para que este tiempo sea vivido con más alegría. ¡Es tan importante la "afectoterapia", ayuda tanto!».

- la Isla de Lesbos (abril, 2016), ante 2500 refugiados, *"No estáis solos, no perdáis la esperanza".*

Sacudamos lo que nos ata y nos paraliza. Seamos "buenos samaritanos".

"Y cuando os pongáis a orar, perdonad lo que tengáis contra otros, para que también vuestro Padre del cielo os perdone vuestras culpas".

(Mc 11, 25)

GPS 31 Los dos deudores

Por esto, se parece el reino de los cielos a un rey que quiso ajustar las cuentas con sus criados. Al empezar a ajustarlas, le presentaron uno que debía diez mil talentos. Como no tenía con qué pagar, el señor mandó que lo vendieran a él con su mujer y sus hijos y todas sus posesiones, y que pagara así. El criado, arrojándose a sus pies, le suplicaba diciendo: "Ten paciencia conmigo y te lo pagaré todo". Se compadeció el señor de aquel criado y lo dejó marchar, perdonándole la deuda. Pero al salir, el criado aquel encontró a uno de sus compañeros que le debía cien denarios y, agarrándolo, lo estrangulaba diciendo: "Págame lo que me debes". El compañero, arrojándose a sus pies, le rogaba diciendo: "Ten paciencia conmigo y te lo pagaré". Pero él se negó y fue y lo metió en la cárcel hasta que pagara lo que debía. Sus compañeros, al ver lo ocurrido, quedaron consternados y fueron a contarle a su señor todo lo sucedido. Entonces el señor lo llamó y le dijo: "¡Siervo malvado! Toda aquella deuda te la perdoné porque me lo rogaste. ¿No debías tú también tener compasión de tu compañero, como yo tuve compasión de ti?". Y el señor, indignado, lo entregó a los verdugos hasta que pagara toda la deuda. Lo mismo hará con vosotros mi Padre celestial, si cada cual no perdona de corazón a su hermano». (Mt 18, 22-36)

Perdonar no es fácil.

¿Es que podemos perdonar de corazón sin que queden vestigios de rencor, recuerdos, deseos de venganza, rabias, enfados,...?

¿Por qué no aprendemos del ejemplo de Jesucristo que nos perdonó todo en la cruz?

El perdón es divino. La venganza es humana. El perdón trae al mundo "oxígeno" para el corazón sucio del hombre manchado por los rencores, los odios, las venganzas,...

El perdón de Dios es un perdón a sabiendas que lo ofenderemos en un futuro,...

Su perdón es un perdón que no nos condiciona para, si queremos, volverle a traicionar las veces que se nos presente la tentación.

Su perdón es una invitación a hacer nosotros lo mismo. *¿No debías tú también tener compasión de tu compañero, como yo tuve compasión de ti?*

Pensemos qué ganamos si perdonamos,...y si no perdonamos

Pensemos qué perdemos si perdonamos,...y si no perdonamos

¿Quién gana? ¿Quién pierde? ¿No es acaso más ventajoso perdonar?

Ojalá podamos dar nosotros el primer paso, tender la mano, romper el hielo y la distancia,...

Cuántas veces decimos: "Perdono si el otro hace esto o aquello". ¡No! Mi perdón no puede depender del otro. Depende solamente de mí y de la decisión de olvidar, de pasar página, de comenzar de nuevo,…

"¡Ay de vosotros, escribas y fariseos hipócritas, que cerráis a los hombres el reino de los cielos!". (Mt 23, 13)

GPS 32 El fariseo y el publicano

Dijo también esta parábola a algunos que confiaban en sí mismos por considerarse justos y despreciaban a los demás: «Dos hombres subieron al templo a orar. Uno era fariseo; el otro, publicano. El fariseo, erguido, oraba así en su interior: "¡Oh Dios!, te doy gracias porque no soy como los demás hombres: ladrones, injustos, adúlteros; ni tampoco como ese publicano. Ayuno dos veces por semana y pago el diezmo de todo lo que tengo". El publicano, en cambio, quedándose atrás, no se atrevía ni a levantar los ojos al cielo, sino que se golpeaba el pecho, diciendo: "¡Oh Dios!, ten compasión de este pecador". Os digo que este bajó a su casa justificado, y aquel no. Porque todo el que se enaltece será humillado, y el que se humilla será enaltecido». (Lc 18, 9-14)

Recibir el perdón de Dios es una gracia. No pagada, no merecida. Es gratis.

¿Por qué hay gente que se convierte y hay otros que no? ¿No hay aquí una cierta injusticia, una cierta selección?

¿Es que Dios puede rechazar el perdón a alguien?

No sé si has conocido a una persona que se ha convertido de manera radical. Es decir, que de estar alejado de Dios y de la Iglesia, de vivir como si Dios no existiese, de blasfemar y de vivir en pecado, pasa a lo contrario: vive para Dios, reza como un santo, va a Misa casi a diario, se apunta a toda Peregrinación o visita a Santuario que puede,…cambia radicalmente de vida. Y, quizá, se ha vuelto una persona increíble, amable, servicial, atenta, alegre, sobre todo, esto último, porque vive en paz consigo mismo y ve todo desde otra perspectiva.

Seguramente sí has conocido al cristiano común, al que la vida no le cambia mucho, que sigue la misma tesitura y estilo de vida de siempre, que no desentona,… y que seguirá así toda su vida si es que no pasa nada extraordinario.

Éste es el misterio de nuestra vida: ¿Por qué la gracia y la acción del amor misericordioso de Dios toca más a unas personas que a otras? ¿Es que no todos deberíamos convertirnos y transformarnos radicalmente ante el Amor descarado de Dios?

No tengo respuesta. Lo que sí te puedo decir es que Dios no puede llegar al corazón de un "fariseo", de alguien que se cree mejor que los demás, del que se cree merecedor de lo que tiene y recibe, del que no ve nada en qué cambiar (la culpa la tienen los demás, empezando por el gobierno y los políticos,…), del que se cree bueno y no necesitado de su Misericordia (de hecho, hace ya mucho tiempo que no se confiesa,…)

Y sí te puedo decir que el perdón de Dios hace su labor sanante y vivificante en el ser humano que va reconociendo su pequeñez, sus limitaciones, sus defectos y pasiones, sus muchos pecados, sus pocos

méritos y lo que todavía le falta por hacer,...Ojalá
seamos de estos últimos.

"Pero, cuando venga el Hijo del hombre, ¿encontrará esta fe en la tierra?". (Lc 18, 8)

GPS 33 El juez inicuo

Les decía una parábola para enseñarles que es necesario orar siempre, sin desfallecer. «Había un juez en una ciudad que ni temía a Dios ni le importaban los hombres. En aquella ciudad había una viuda que solía ir a decirle: "Hazme justicia frente a mi adversario". Por algún tiempo se estuvo negando, pero después se dijo a sí mismo: "Aunque ni temo a Dios ni me importan los hombres, como esta viuda me está molestando, le voy a hacer justicia, no sea que siga viniendo a cada momento a importunarme"». Y el Señor añadió: «Fijaos en lo que dice el juez injusto; pues Dios, ¿no hará justicia a sus elegidos que claman ante él día y noche?; ¿o les dará largas? Os digo que les hará justicia sin tardar. Pero, cuando venga el Hijo del hombre, ¿encontrará esta fe en la tierra?». (Lc 18, 1-8)

Última parábola que comento en este libro. Lanzo estas preguntas: ¿De verdad confío plenamente en este Dios misericordioso? ¿Por qué, pues, soy tan poco perseverante en mi oración?

Creo que Jesucristo nos invita a la fe y a la confianza en su Padre, rico en misericordia, de una manera especial, sobre todo, en los tiempos difíciles cuando no vemos luz y cuando el caminar es cuesta arriba.

Tenemos aquí dos personajes: un juez injusto o inicuo y una viuda. El juez lo vemos como un hombre duro, sin corazón, sin fe ni temor de Dios. La viuda, como una persona sola y desamparada, en riesgos de ser maltratada.

La viuda le pide: *"Hazme justicia frente a mi adversario"*. Y lo pedirá tan insistentemente que el juez malvado le hará caso para quitársela de encima y evitarse más molestias.

Veamos a Dios como juez pero como uno totalmente distinto al de la parábola. Lleno de misericordia que sabe asumir el sufrimiento humano y transformarlo en salvación, que toma partido por el que sufre, que se inclina al que pide justicia, lo escucha y lo defiende.

Jesucristo nos invita aquí a orar siempre, sin desfallecer, a pedir justicia al Justo Juez, a este Juez que sabe hermanar la verdadera justicia con la misericordia infinita. ¿Hasta qué punto nuestra oración es así? ¿Podemos decir que oramos con la confianza en este Dios? ¿Sabiendo que realmente nos escucha? *"¿no hará justicia a sus elegidos que claman ante Él día y noche?; ¿o les dará largas? Os digo que les hará justicia sin tardar"*. Pero, hará justicia a su estilo misericordioso. Lo hará en su momento. No a nuestro estilo y con la inmediatez con la que estamos acostumbrados. A este Juez Justo, que es paciente, *"que hace salir su sol sobre malos y buenos, y manda la lluvia a justos e injustos."(Mt 5, 45)*

Algunos que han llegado

"Las palabras mueven pero los ejemplos arrastran".
¡Cuántos hombres y mujeres han vivido con
radicalidad y sinceridad la misericordia! Aprendamos
de ellos.

GPS 34 María Santísima

Nadie como María ha conocido la profundidad del misterio de Dios hecho hombre. Todo en su vida fue plasmado por la presencia de la misericordia hecha carne. La Madre del Crucificado Resucitado entró en el santuario de la misericordia divina porque participó íntimamente en el misterio de su amor. (MV 24)

Cuentan que un ladrón enviciado y muy lejos de cambiar fue capturado por la policía y condenado a cadena perpetua y, más tarde, a muerte. Él, desde pequeño, había aprendido de su madre a rezarle a María Santísima y jamás en su vida, aún a pesar de desviarse del buen camino, dejó de rezar sus 3 avemarías diarias. Total, que el ladrón murió y se presentó en el juicio de Dios. Allí estaban Jesucristo y, de un lado, su ángel de la guarda, las almas de sus seres más queridos y la Virgen María. Del otro, el demonio. En la balanza ponían de un lado las obras buenas y, del otro, las malas. Por supuesto, pesaba más el platillo de las obras malas. En definitiva el veredicto era claro: estaba condenado. En eso, el ladrón que no había levantado la mirada de vergüenza y de pena al saber que no tenía salvación, la dirigió hacia el lado de María Santísima con una pena y un dolor de tal tamaño que la Virgen se conmovió y comenzó a llorar al saber que no se podía hacer nada por él. Tres lágrimas de su mejilla cayeron en el platillo de las obras buenas y, sorprendentemente, el fiel de la balanza se inclinó hacia el lado de las obras buenas. ¡Estaba salvado! Su Madre del cielo le salvó de la condenación con el peso de sus tres lágrimas que recordaban las tres avemarías que el ladrón nunca dejó de rezar en vida.

Así es. No es fácil que fracasemos y nos condenemos ante una Madre así. Ella no se olvida de sus hijos, sobre todo de aquellos que tienen el detalle de acordarse de Ella, incluso de aquellos que no lo hicieran como bien se canta en *"Salve Madre, en la tierra de tus amores,...aunque mi amor te olvidare, tú no te olvides de mí"**.

En la oración de "La Salve" llamamos a María, *Madre de Misericordia*. Además, en esta misma oración, le suplicamos: *"vuelve a nosotros esos tus ojos misericordiosos"*. Y no acaba todo ahí, le llamamos: *"vida, dulzura, esperanza nuestra"*. Finalizando con esta expresión tan humana y filial: *"Oh clemente, oh piadosa, oh dulce Virgen María"*. No cabe duda de que el corazón de María rezuma unas entrañas misericordiosas.

La misericordia de María nos recuerda estas entrañas maternas, este regazo materno (rahamim) que siempre nos acoge y nos envuelve cuando más lo necesitamos en nuestras debilidades y miserias, aflicciones y problemas difíciles de resolver. Ella es reflejo fiel de la Misericordia Divina.

Y es que María, en la tradición de la Iglesia significa mucho para todos y cada uno, juega un papel de intermediaria, de medianera de gracias muy importante. Es intercesora ante su Hijo. No cesa de mirarnos y de cuidarnos a todos y cada uno de sus hijos.

Es la "escalera para los pecadores" decía San Bernardo. Ella no pidió al Señor ni sabiduría, como Salomón, ni riquezas, ni honores, ni poder sino gracia. "María ha encontrado gracia ante Dios" decía el ángel en la Anunciación. Y solo esta gracia es la que nos alcanzará la salvación.

Nunca nos equivocaremos al invocarla, al rogarle por nosotros.

*Canción compuesta para el Congreso Mariano Hispano-Americano celebrado en Sevilla, (España) en el año 1929. Texto escrito por fray Restituto del Valle, O.S.A. y música compuesta por el P. Eduardo Torres.

GPS 35 San Juan Pablo II

Ciudad de México. Estaba, a la sazón, con una veintena de jóvenes regiomontanos en un torneo de fútbol con otros colegios y, coincidimos con una de las visitas de Juan Pablo II. Nos fuimos a una calle a verlo pasar. Después de un buen rato pasó el Papa y mi grupo cantó con gracia y picardía: "Juan Pablo Segundo, te vimos un segundo". Pues, la verdad, lo vimos pasar tan rápido que fue este grito lo que salió de nuestro corazón.

Cuento esto solamente para expresar el sentir de tantos católicos que veíamos a este Papa como alguien tan querido y tan amado. Por ello la pancarta del "Santo súbito" que leímos en la Plaza de San Pedro cuando falleció (2005) no nos dejaba la menor duda.

Y a este Papa tocó empujar el proceso informativo de esta monjita polaca (1967), Sor Faustina María Kowalska, que vivió entre las dos guerras mundiales y que experimentó la Misericordia del Señor con la misión de transmitirla a todo el mundo. Le tocó beatificarla (18 de abril de 1993) y de proclamarla santa (30 de abril del 2000). Así mismo, este mismo día declaró el segundo domingo de Pascua como el "Domingo de la Misericordia Divina" en el mundo entero.

Karol Wojtyla tocó desde sus años juveniles el dolor y el sufrimiento humano; huérfano de madre desde temprana edad y de padre en su juventud, supo encauzar los afectos de su corazón a Dios y a María y aprender a perdonar mucho ante tanta violencia, venganzas, injusticias, rencores y odios vividos en los difíciles años de la guerra y post guerra. Avezado a la lucha no tuvo miedo de superar las dificultades de esta causa de canonización y de llevar hasta donde pudiera esta nueva devoción a todos los rincones del mundo.

¡Cómo dedicaba tiempo a los enfermos en sus audiencias! ¡Cómo los admiraba! "Sois el tesoro escondido de la Iglesia", decía. *"Contemplamos con mirada preferente a los más débiles, a los pobres, a los enfermos, a los afligidos. A ellos especialmente les queremos abrir nuestro corazón en el comienzo de nuestro ministerio pastoral. ¿No sois, en efecto vosotros, hermanos y hermanas, los que con vuestros dolores participáis y en cierto modo completáis la pasión de nuestro mismo Redentor? El indigno sucesor de Pedro, que se propone escrutar las insondables riquezas de Cristo, tiene una gran necesidad de vuestra ayuda, de vuestro sacrificio, y por eso humildísimamente os lo pide"* (JP, 17-10-1978).

¡Qué sorprendente gesto cuando perdonó a su cuasi asesino, Ali Agca, después de recuperarse de los balazos recibidos en la Plaza de San Pedro en 1981!

En el año 2000 no dudó en pedir perdón al mundo y a la Iglesia por todos sus pecados, sus errores, sus injusticias, sus malos ejemplos, sus omisiones. Todo ello, nos hablaba de un hombre que quería vivir esta misericordia que recibía de Dios.

Profundo pensador, profundo conocedor del hombre, propone esta "medicina" de la misericordia divina como curación del mal que anida en el corazón del hombre y en este mundo. Y lo hace a su estilo, con muchas razones, con muchos motivos, con toda la riqueza que hay escondida en la historia del hombre y en la Palabra de Dios. "Todo lo que es humano está amenazado por un peligro inmenso" (DM 15)

Por ello, es otro apóstol de la misericordia.

GPS 36 San Leopoldo Mandic

Cuando el metal encuentra un imán se siente atraído por él; cuando un enfermo encuentra un buen doctor que le recibe, le acoge, le escucha y le cura, nunca más se alejará de él.

Así pasó con este sacerdote capuchino que nació en Montenegro, Croacia (1866). Cuento algunos retazos de su vida para que nos demos cuenta de cómo Dios le fue guiando hasta donde quiso.

Leopoldo entra con los capuchinos a los 18 años, se ordena sacerdote a los 24 y va surgiendo poco a poco en su corazón sacerdotal el querer trabajar por la unidad de los cristianos orientales separados de la Iglesia católica. Por este motivo aprenderá idiomas eslavos, incluso el griego moderno, y pedirá insistentemente regresar a trabajar a su tierra. Problemas de salud impedirán que los superiores le concedan esto de una manera permanente. Poco a poco va destacando como consejero espiritual y como confesor. Prácticamente desde 1914 hasta su muerte acaecida el 30 de julio de 1942, será confesor en Padua (norte de Italia).

"Padre, pero Ud. es demasiado bueno,...tendrá que rendir cuentas al Señor" le decían. Él respondía: *"Y si el Señor me corrigiese de excesiva permisividad podría decirle: "Bendito Señor, este mal ejemplo me lo*

habéis dado vos, muriendo en la cruz por las almas, movido por vuestro divino amor"

Cuentan de un señor que fue a confesarse con el P. Pío de Pietrelcina -hoy también santo- y, al negarle la absolución, escuchó este consejo: *"Vete con el P. Leopoldo; él perdona todo".*

Esta era la fama del P. Leopoldo, que tenía dificultades al hablar, pero lo perdonaba todo. No dejó obras de teología ni literarias, no deslumbró por su cultura, no fundó obras sociales. Era un pobre fraile capuchino, pequeño y enfermizo que cuando acababa de confesar decía*: "Él es quien perdona, Él es quien absuelve".*

"Ten fe, ten confianza, no tengas miedo. Mira, yo soy un pecador como tú. Si el Señor no sostuviese su mano sobre mi cabeza, haría como tú y peor que tú".

Lección para nuestra vida: buscar un buen confesor y doctor de nuestra alma. No tengas miedo de quedar mal ante el confesor. Nuestra miseria es atraída tremendamente por la infinita misericordia de Dios. Trata de confesarte con frecuencia, recibirás el consuelo del perdón de Dios. Pide por los sacerdotes —no solamente los critiques-, para que sean fieles a este ministerio y sean ejemplos de Cristo, Buen Pastor.

Al leer la vida de San Leopoldo Mandic impresiona que a su funeral acudió media Padua. ¡Un señor que se la pasaba escondido en un confesionario y que media ciudad conocía muy bien y se sentía, seguramente, agradecida por haber recibido ayuda, consuelo y PERDÓN DE DIOS por manos de este hombre!

GPS 37 San Vicente de Paúl (1580-1660)

Este es un hombre que hace la experiencia de la *ternura de Dios, de su dulzura* y la hace poco a poco, sin cambios radicales, lentamente, en un camino de creciente entrega, de continuos "síes" a las inspiraciones de Dios y a las necesidades que veía en sus hermanos, los hombres. "La gracia tiene sus momentos", repetirá.

Se ordena sacerdote en 1600, a los 20 años. Quiere "hacer carrera", asegurar su futuro, ganar un buen dinero y retirarse a una vida tranquila. Éste era su ideal de vida. Pero la vida, y Dios detrás, le van llevando hacia experiencias que le abren los ojos. Él, que había escogido el trabajar entre gente acomodada, aceptando ser el preceptor de los hijos de una familia noble francesa, se da cuenta del abandono espiritual al confesar a un pobre campesino de Gannes y se dice a sí mismo que hará todo lo posible por acompañar a tantos campesinos que viven como aquél. *"¿Cómo? ¡Ser cristiano y ver afligido a un hermano sin llorar con él ni sentirse enfermo con él! Eso es no tener caridad, es ser cristiano en pintura"*. ¿Qué hay que hacer? Su corazón inicia el cambio. Ya no es el mismo.

Puede pasar temporadas aliviando las heridas y las penas de los galeotes que pagaban sus penas como remeros en los buques franceses. Prisioneros tratados peor que los animales, ¿quién velará por su bien espiritual?

Pero San Vicente vive otra experiencia que le marca de por vida. Resulta que conoce a una familia pobre que necesita alimento, medicinas y ropa urgentemente. Pide desde el púlpito ayuda y se admira de la cantidad de gente que viene en su socorro. Pero observa que la ayuda bien intencionada es desordenada e ineficaz. Por ello decide iniciar "las conferencias de la caridad" para poder ayudar de manera organizada, profesional, programada, llena de colaboración, con los recursos adecuados y con gran amor y respeto hacia los que sirven.

San Vicente contagia la caridad, ¡qué importante! Asociará a todo el que se encuentra hasta dar con una señorita, Luisa de Marillac, que se irá comprometiendo cada vez más hasta fundar ella las hijas de la caridad.

Ojalá podamos nosotros ser generadores de caridad, multiplicadores de acciones que lleven alivio, sostén material y espiritual en este "hospital de campo" que es nuestro mundo, como lo hizo en su tiempo San Vicente.

"Cada vez que lo hicisteis con uno de estos, mis hermanos más pequeños, conmigo lo hicisteis" (Mt 25, 40)

GPS 38 Santa Teresa de Calcuta

Es una campeona de la misericordia. No le dio miedo, una vez que una voz interior insistente le llamaba a ello, a sumergirse en Calcuta y comenzar a recoger personas pobres, enfermas, abandonadas en la calle y atenderles, darles de comer, cuidarles y quererles.

Una mujer que tocaba a Dios en su sencillez y acariciaba la miseria de los hombres con todo su ser como si fueran el mismo Cristo. Y trataba de mirar este mundo con los ojos de Dios. *"El mundo está lleno de Calcutas"*.

Ella decía que aprendía tanto de estas personas pobres y miserables. Una vez fue a llevarle a una familia musulmana un plato lleno de arroz para que comieran algo. La mamá tomó el plato y salió de la casa. Al rato volvió con medio plato de arroz y le dijo a Sor Teresa: "Madre, fui a llevarle un poco de arroz a otra familia que vive aquí cerca que tampoco tienen qué comer".

Otra vez recogió un señor que estaba en una situación de grande precariedad y muy delicado de salud. Hizo lo que pudo con él: lo limpió, le curó las heridas que pudo, le vistió,…no podía hacer más por él pues le llegaba su fin. Antes de expirar miró a la Madre y le dijo: Gracias!!! Ella siempre contaba esta anécdota que le impresionó tanto al tocar el corazón de oro en esta persona.

"Por mi vocación, pertenezco al mundo. En lo que se refiere a mi corazón, pertenezco totalmente al Corazón de Jesús". Mujer de oración, invitaba a sus hermanas a saciar la sed de este Cristo místico primero en la Eucaristía.

Mujer llena de esperanza. *"A veces sentimos que lo que hacemos es tan solo una gota en el mar pero el mar sería menos si le faltara esa gota".*

"Nunca olvidaré la primera vez que llegué a Bourke a visitar a las hermanas. Fuimos a las afueras de Bourke. Allí había una gran reserva donde los aborígenes vivían en esas pequeñas chozas hechas de hojalata, cartones viejos y demás. Entré en uno de esos pequeños cuchitriles. Lo llamo casa, pero en realidad era sólo una habitación y dentro de la habitación estaba todo. Le dije al hombre que vivía allí "Por favor, deje que le haga la cama, que lave su ropa, que limpie su cuarto". Él no cesaba de decir: "estoy bien, estoy bien", "pero estará mejor si me deja hacerlo", le dije. Por fín me lo permitió. Me lo permitió de tal modo que, al final, sacó del bolsillo un sobre viejo, que contenía un sobre y otro más. Empezó a abrir uno tras otro y dentro había una pequeña fotografía de su padre, que me dio para que la viera. Miré la foto, le miré a él, y le dije "Usted se parece mucho a su padre". Rebosaba de alegría de que yo pudiera ver el parecido de su padre en su rostro. Bendije la foto y se la entregué, y otra vez un sobre, un segundo sobre y un tercer sobre, y la foto volvió de nuevo al bolsillo, cerca de su corazón. Después de limpiar la habitación en una esquina encontré una gran lámpara llena de polvo, y le dije: "¿No enciende esta lámpara, esta lámpara tan bonita?". Él contestó: "¿Para quién?, hace meses y meses que nadie ha venido a verme. ¿Para quién la voy a encender". Entonces le dije: "¿La encendería si las Hermanas vinieran a verle?". Y él respondió "Sí". Las hermanas comenzaron a ir a verle sólo durante 5 o 10 minutos al día, pero empezaron a encender esa lámpara. Después de un tiempo, él se fue acostumbrando a encenderla. Poco a poco, poco a poco, las Hermanas dejaron de ir. Pero al pasar por la mañana le veían. Después me olvidé de esto, pero al cabo de dos años, él mandó que me dijeran: "Díganle a Madre, mi amiga, que la Luz que ella encendió en mi vida, sigue ardiendo". (Anécdota real, relatada por la propia Madre Teresa. Extractado del libro "Ven, sé mi Luz")

Convencida de la fuerza del Amor de Jesucristo que quiere pasar a través de nosotros. Repetía:

"Hay males que no se pueden curar con dinero sino solo con amor".

"La falta de amor a los abandonados y despreciados es la mayor de todas las pobrezas".

"Amar hasta que duela y, cuando duela, dar todavía más".

"No podemos hacer grandes cosas pero sí cosas pequeñas con un gran amor".

"Si tú juzgas a la gente, no tienes tiempo para amarla"

Mujer de grande actividad y trabajo. Todo empieza de manera sencilla: *"La paz comienza con una sonrisa".* Y sigue con esta decisión:

"No esperes a los dirigentes; hazlo solo, de persona a persona".

"Yo hago lo que Ud. no puede y Ud. hace lo que yo no puedo. Juntos podemos hacer grandes cosas".

El 4 de septiembre del 2016 el Papa Francisco la ha canonizado. ¿No nos está diciendo con ello que la tomemos como un ejemplo a seguir en este vivir la misericordia?

Llegando

Cada día puedes volver a empezar.

Cada día puedes llegar a la meta de forjar un corazón
misericordioso.

Para Dios nada hay imposible, ¡Confía!

"Lo mismo hará con vosotros mi Padre celestial, si cada cual no perdona de corazón a su hermano». (Mt 18, 35)

GPS 39 "Tips" para perdonar

Acercándose Pedro a Jesús le preguntó: «Señor, si mi hermano me ofende, ¿cuántas veces tengo que perdonarlo? ¿Hasta siete veces?». Jesús le contesta: «No te digo hasta siete veces, sino hasta setenta veces siete. (Mt 18, 21-22)

Ojalá nunca dejemos de perdonar.

Nos asemeja a Dios.

Nos sana el corazón.

Es interesante fijarnos en la etimología de este verbo, perdonar que está compuesto de dos palabras: *per* y *donar*. El prefijo *per* indica perfección, remate. De ahí, *per-fecto* (= lo que se hace bien hasta el final). *Per* se asocia también a otras palabras que indican el grado máximo: *perverso*, completamente torcido; *perspicaz*, que mira profundamente. Así pues, *perdonar* es "donar hasta el final, donar del todo".

¡Cuántas veces he escuchado esta frase: *"Padre, no puedo perdonar a esta persona que me hizo esto"*! Es verdad. Con nuestras propias fuerzas, nos es difícil lograrlo. Nos hace falta ayuda de lo alto. Y me pregunto: ¿Es que a Jesucristo le resultó fácil perdonarnos? De ninguna manera. Y me vuelvo a preguntar: ¿Acaso el perdonar me cuesta la vida como a Él? Claramente no. ¿Entonces?

Te sugiero varios puntos, a manera de escalones, que te pueden ayudar en este ejercicio tan cristiano de perdonar:

1.- Perdonaré. Quiero perdonar. Es una decisión personal. No es un sentimiento o una emoción. Es un acto de voluntad.

"En realidad, el perdón es ante todo una decisión personal, una opción del corazón que va contra el instinto espontáneo de devolver mal por mal." (JP II, 1 de enero 2002)

2.- Imitaré a Jesucristo que también me perdona siempre, absoluta y totalmente.

"Si no se compadece de su semejante, ¿cómo pide perdón por sus propios pecados?" (Prov 22, 4)

3.- Rezaré un Padre Nuestro o un Ave María por la persona que me ha ofendido. Desearle el bien.

4.- Cada vez que piense mal o recuerde la ofensa recibida de determinada persona, pensaré en las cosas buenas, cualidades,…que tiene esta persona. No solo en lo que me molesta o incomoda. Lo repetiré las veces que sea necesario y, siempre, tratando de renovar mi querer perdonarlo.

5.- Recordaré mis propios errores, pecados y miserias. En el fondo desearé que los otros sean indulgentes conmigo. *"¿Por qué no tratar a los demás como uno desea ser tratado?" (JP II, 1 de enero 2002)*

5.- Exteriorizaré esta decisión de perdonar, sea a otros, sea al propio interesado. Y esto lo reflejaré en mi saludo, en mis palabras, en mis gestos y obras.

6.- Procuraré ser realista y prudente. Mediré las propias fuerzas y no me expondré a situaciones donde haya choque o mal entendimientos.

7.- Renovaré todos los días y las veces que sea necesario mi decisión de perdonar.

Termino estos consejos con esta reflexión del Papa Juan Pablo II que tanto nos puede ayudar en alcanzar esta virtud:

"La propuesta del perdón no se comprende de inmediato ni se acepta fácilmente; es un mensaje en cierto modo paradójico. En efecto, el perdón comporta siempre a corto plazo una aparente pérdida, mientras que, a la larga, asegura un provecho real. La violencia es exactamente lo opuesto: opta por un beneficio sin demora, pero, a largo plazo, produce perjuicios reales y permanentes. El perdón podría parecer una debilidad; en realidad, tanto para concederlo como para aceptarlo, hace falta una gran fuerza espiritual y una valentía moral a toda prueba. Lejos de ser menoscabo para la persona, el perdón la lleva hacia una humanidad más plena y más rica, capaz de reflejar en sí misma un rayo del esplendor del Creador." (JP II, 1 de enero 2002)

GPS 40 Decálogo del misericordioso

A modo de resumen quiero dejar este decálogo que nos puede iluminar de manera práctica en nuestro vivir diario para hacerlo con Misericordia. Ojalá te ayude:

1.- No te escandalices de tu miseria. El Amor de Dios es mucho más grande.

2.- No juzgues y condenes a los demás, Dios hace salir el sol sobre malos y buenos.

3.- Piensa bien y seguramente acertarás.

4.- Dios nos dio dos orejas y una boca. Escucha el doble de lo que hablas.

5.- Procura siempre hacer el bien. La vida te devolverá en creces lo realizado.

6.- No dudes en ayudar materialmente al mendigo de la calle. Tú le ayudas para las necesidades de la tierra. Él te está ayudando para llegar al cielo.

7.- Pide perdón a menudo. Seguramente has ofendido con tus palabras, gestos y obras.

8.- Perdona con magnánimo corazón. Y, olvida,…

9.- Reza por los demás, sobre todo por los que no te simpatizan mucho o te han ofendido.

10.- Compárate con Jesucristo y mira que tu mente y tu corazón se asemejen a los de Él.

Apps de la misericordia

A modo de complemento y de subsidio, te dejo estas ayudas para tu "camino de misericordia".

GPS 41 Salmos de la Misericordia

Salmo 25 (24)* Recuerda Señor que tu ternura y tu misericordia son eternas…

A ti, Señor, levanto mi alma; Dios mío, en ti confío, no quede yo defraudado, | que no triunfen de mí mis enemigos, pues los que esperan en ti no quedan defraudados, | mientras que el fracaso malogra a los traidores.

Señor, enséñame tus caminos, | instrúyeme en tus sendas: | haz que camine con lealtad;

enséñame, porque tú eres mi Dios y Salvador, | y todo el día te estoy esperando.

Recuerda, Señor, que tu ternura | y tu misericordia son eternas;

no te acuerdes de los pecados | ni de las maldades de mi juventud; | acuérdate de mí con misericordia, por tu bondad, Señor.

El Señor es bueno y es recto, | y enseña el camino a los pecadores;

hace caminar a los humildes con rectitud, | enseña su camino a los humildes.

Las sendas del Señor son misericordia y lealtad | para los que guardan su alianza y sus mandatos.

Por el honor de tu nombre, Señor, | perdona mis culpas, que son muchas.

¿Hay alguien que tema al Señor? | Él le enseñará el camino escogido:

su alma vivirá feliz, | su descendencia poseerá la tierra.

El Señor se confía a los que lo temen, | y les da a conocer su alianza.

Tengo los ojos puestos en el Señor, | porque él saca mis pies de la red.

Mírame, oh Dios, y ten piedad de mí, | que estoy solo y afligido.

Ensancha mi corazón oprimido | y sácame de mis tribulaciones.

Mira mis trabajos y mis penas | y perdona todos mis pecados;

mira cuántos son mis enemigos, | que me detestan con odio cruel.

Guarda mi vida y líbrame, | no quede yo defraudado de haber acudido a ti.

La inocencia y la rectitud me protegerán, | porque espero en ti.

Salva, oh Dios, a Israel | de todos sus peligros.

Salmo 41 (40)* «Señor, ten misericordia, | sáname, porque he pecado contra ti»

Dichoso el que cuida del pobre; | en el día aciago lo pondrá a salvo el Señor.

El Señor lo guarda y lo conserva en vida, | para que sea dichoso en la tierra, | y no lo entrega a la saña de sus enemigos. El Señor lo sostendrá en el lecho del dolor, | calmará los dolores de su enfermedad.

Yo dije: «Señor, ten misericordia, | sáname, porque he pecado contra ti».

Mis enemigos me desean lo peor: | «A ver si se muere, y se acaba su apellido».

El que viene a verme habla con fingimiento, | disimula su mala intención, | y, cuando sale afuera, la dice. Mis adversarios se reúnen a murmurar contra mí, | hacen cálculos siniestros:

«Padece un mal sin remedio, | se acostó para no levantarse».

Incluso mi amigo, de quien yo me fiaba, | que compartía mi pan, | es el primero en traicionarme.
Pero tú, Señor, apiádate de mí; haz que pueda levantarme, | para que yo les dé su merecido.
En esto conozco que me amas: | en que mi enemigo no triunfa de mí.
A mí, en cambio, me conservas la salud, | me mantienes siempre en tu presencia.
Bendito el Señor, Dios de Israel, | desde siempre y por siempre. Amén, amén.

Salmo 42 (41)* De día el Señor me hará misericordia…

Como busca la cierva corrientes de agua, | así mi alma te busca a ti, Dios mío;
mi alma tiene sed de Dios, del Dios vivo: | ¿cuándo entraré a ver el rostro de Dios?
Las lágrimas son mi pan noche y día, | mientras todo el día me repiten: | «¿Dónde está tu Dios?».
Recuerdo otros tiempos, | y desahogo mi alma conmigo: | cómo entraba en el recinto santo, | cómo avanzaba hacia la casa de Dios | entre cantos de júbilo y alabanza, | en el bullicio de la fiesta.
¿Por qué te acongojas, alma mía, | por qué gimes dentro de mí? | Espera en Dios, que volverás a alabarlo: | «Salud de mi rostro, Dios mío».
Cuando mi alma se acongoja, | te recuerdo desde el Jordán y el Hermón | y el monte Misar.
Una sima grita a otra sima | con voz de cascadas: | tus torrentes y tus olas | me han arrollado.
De día el Señor me hará misericordia, | de noche cantaré la alabanza, | la oración al Dios de mi vida.
Diré a Dios: «Roca mía, | ¿por qué me olvidas? | ¿Por qué voy andando, sombrío, | hostigado por mi enemigo?».
Se me rompen los huesos | por las burlas del adversario; | todo el día me preguntan: | «¿Dónde está tu Dios?».

¿Por qué te acongojas, alma mía, | por qué gimes dentro de mí? | Espera en Dios, que volverás a alabarlo: | «Salud de mi rostro, Dios mío».

Salmo 51 (50)* «Miserere»

Misericordia, Dios mío, por tu bondad, | por tu inmensa compasión borra mi culpa;
lava del todo mi delito, | limpia mi pecado.
Pues yo reconozco mi culpa, | tengo siempre presente mi pecado.
Contra ti, contra ti solo pequé, | cometí la maldad en tu presencia. | En la sentencia tendrás razón, | en el juicio resultarás inocente.
Mira, en la culpa nací, | pecador me concibió mi madre.
Te gusta un corazón sincero, | y en mi interior me inculcas sabiduría.
Rocíame con el hisopo: quedaré limpio; | lávame: quedaré más blanco que la nieve.
Hazme oír el gozo y la alegría, | que se alegren los huesos quebrantados.
Aparta de mi pecado tu vista, | borra en mí toda culpa.
Oh Dios, crea en mí un corazón puro, | renuévame por dentro con espíritu firme.
No me arrojes lejos de tu rostro, | no me quites tu santo espíritu.
Devuélveme la alegría de tu salvación, | afiánzame con espíritu generoso.
Enseñaré a los malvados tus caminos, | los pecadores volverán a ti.
Líbrame de la sangre, oh Dios, | Dios, Salvador mío, | y cantará mi lengua tu justicia.
Señor, me abrirás los labios, | y mi boca proclamará tu alabanza.
Los sacrificios no te satisfacen: | si te ofreciera un holocausto, no lo querrías.

El sacrificio agradable a Dios | es un espíritu quebrantado; | un corazón quebrantado y humillado, | tú, oh Dios, tú no lo desprecias.

Señor, por tu bondad, favorece a Sión, | reconstruye las murallas de Jerusalén:

entonces aceptarás los sacrificios rituales, | ofrendas y holocaustos, | sobre tu altar se inmolarán novillos.

Salmo 57 (56)* Mi corazón está firme, Dios mío, mi corazón está firme.

Misericordia, Dios mío, misericordia, | que mi alma se refugia en ti; | me refugio a la sombra de tus alas | mientras pasa la calamidad.
Invoco al Dios altísimo, | al Dios que hace tanto por mí.
Desde el cielo me enviará la salvación, | confundirá a los que ansían matarme;| enviará Dios su gracia y su lealtad.
Estoy echado entre leones | devoradores de hombres; | sus dientes son lanzas y flechas, | su lengua es una espada afilada.
Elévate sobre el cielo, Dios mío, | y llene la tierra tu gloria.
Han tendido una red a mis pasos, | para que sucumbiera; | me han cavado delante una fosa, | pero han caído en ella.
Mi corazón está firme, Dios mío, | mi corazón está firme. | Voy a cantar y a tocar:
despierta, gloria mía; | despertad, cítara y arpa; | despertaré a la aurora.
Te daré gracias ante los pueblos, Señor; | tocaré para ti ante las naciones:
por tu bondad, que es más grande que los cielos; | por tu fidelidad, que alcanza las nubes.
Elévate sobre el cielo, Dios mío, | y llene la tierra tu gloria.

Salmo 92 (91)* Es bueno dar gracias al Señor

Es bueno dar gracias al Señor | y tocar para tu nombre, oh Altísimo;
proclamar por la mañana tu misericordia | y de noche tu fidelidad,
con arpas de diez cuerdas y laúdes, | sobre arpegios de cítaras.

Tus acciones, Señor, son mi alegría, | y mi júbilo, las obras de tus manos.

¡Qué magníficas son tus obras, Señor, | qué profundos tus designios!

El ignorante no los entiende | ni el necio se da cuenta.

Aunque germinen como hierba los malvados | y florezcan los malhechores,

serán destruidos para siempre. | Tú, en cambio, Señor, eres excelso por los siglos.

Porque tus enemigos, Señor, perecerán, | los malhechores serán dispersados;

pero a mí me das la fuerza de un búfalo | y me unges con aceite nuevo.

Mis ojos despreciarán a mis enemigos; | y de los malvados que se levantan contra mí, | mis oídos escucharán desventuras.

El justo crecerá como una palmera, | se alzará como un cedro del Líbano:

plantado en la casa del Señor, | crecerá en los atrios de nuestro Dios;

en la vejez seguirá dando fruto | y estará lozano y frondoso,

para proclamar que el Señor es justo, | mi Roca, en quien no existe la maldad.

Salmo 103 (102)* El Señor es compasivo y misericordioso, lento a la ira y rico en clemencia.

Bendice, alma mía, al Señor, | y todo mi ser a su santo nombre.

Bendice, alma mía, al Señor, | y no olvides sus beneficios.

Él perdona todas tus culpas | y cura todas tus enfermedades;

él rescata tu vida de la fosa, | y te colma de gracia y de ternura;

él sacia de bienes tus días, | y como un águila | se renueva tu juventud.

El Señor hace justicia | y defiende a todos los oprimidos;

enseñó sus caminos a Moisés | y sus hazañas a los hijos de Israel.

El Señor es compasivo y misericordioso, | lento a la ira y rico en clemencia.

No está siempre acusando | ni guarda rencor perpetuo;

no nos trata como merecen nuestros pecados | ni nos paga según nuestras culpas.

Como se levanta el cielo sobre la tierra, | se levanta su bondad sobre los que lo temen;

como dista el oriente del ocaso, | así aleja de nosotros nuestros delitos.

Como un padre siente ternura por sus hijos, | siente el Señor ternura por los que lo temen;

porque él conoce nuestra masa, | se acuerda de que somos barro.

Los días del hombre duran lo que la hierba, | florecen como flor del campo,

que el viento la roza, y ya no existe, | su terreno no volverá a verla.

Pero la misericordia del Señor | dura desde siempre y por siempre, | para aquellos que lo temen; | su justicia pasa de hijos a nietos:

para los que guardan la alianza | y recitan y cumplen sus mandatos.

El Señor puso en el cielo su trono, | su soberanía gobierna el universo.

Bendecid al Señor, ángeles suyos, | poderosos ejecutores de sus órdenes, | prontos a la voz de su palabra.

Bendecid al Señor, ejércitos suyos, | servidores que cumplís sus deseos.

Bendecid al Señor, todas sus obras, | en todo lugar de su imperio. | ¡Bendice, alma mía, al Señor!

Salmo 119 (118)* Grande es tu ternura, Señor, con tus mandamientos dame vida

Dichoso el que, con vida intachable, | camina en la ley del Señor;
dichoso el que, guardando sus preceptos, | lo busca de todo corazón;
el que, sin cometer iniquidad, | anda por sus senderos.
...
Señor, tú eres justo, | tus mandamientos son rectos;
has decretado preceptos justos | sumamente estables;
me consume el celo, | porque mis enemigos olvidan tus palabras.
Tu promesa es acrisolada, | y tu siervo la ama;
soy pequeño y despreciable, | pero no olvido tus mandatos;
tu justicia es justicia eterna, | tu ley es verdadera.
Me asaltan angustias y aprietos, | tus mandatos son mi delicia;
la justicia de tus preceptos es eterna; | dame inteligencia, y tendré vida.
Te invoco de todo corazón: | respóndeme, Señor, | y guardaré tus decretos;
a ti grito: sálvame, | y cumpliré tus preceptos;
me adelanto a la aurora pidiendo auxilio, | esperando tus palabras.
Mis ojos se adelantan a las vigilias, | meditando tu promesa;
escucha mi voz por tu misericordia, Señor, | con tus mandamientos dame vida;
ya se acercan mis inicuos perseguidores, | están lejos de tu ley.
Tú, Señor, estás cerca, | y todos tus mandatos son estables;
hace tiempo comprendí que tus preceptos | los fundaste para siempre.
Mira mi abatimiento y líbrame, | porque no olvido tu ley;
defiende mi causa y rescátame, | con tu promesa dame vida;

la salvación está lejos de los malvados | que no buscan tus decretos.
Grande es tu ternura, Señor, | con tus mandamientos dame vida;
muchos son los enemigos que me persiguen, | pero yo no me aparto de tus preceptos;
viendo a los renegados, sentía asco, | porque no guardan tus palabras.
Mira cómo amo tus mandatos, | Señor; por tu misericordia dame vida;
el compendio de tu palabra es la verdad, | y tus justos juicios son eternos.
...
Que mi alma viva para alabarte, | que tus mandamientos me auxilien;
me extravié como oveja perdida: | busca a tu siervo, que no olvida tus preceptos.

Salmo 136 (135)* Porque es eterna su misericordia...

Dad gracias al Señor porque es bueno: | porque es eterna su misericordia.
Dad gracias al Dios de los dioses: | porque es eterna su misericordia.
Dad gracias al Señor de los señores: | porque es eterna su misericordia.
Solo él hizo grandes maravillas: | porque es eterna su misericordia.
Él hizo sabiamente los cielos: | porque es eterna su misericordia.
Él afianzó sobre las aguas la tierra: | porque es eterna su misericordia.
Él hizo lumbreras gigantes: | porque es eterna su misericordia.
El sol para regir el día: | porque es eterna su misericordia.
La luna y las estrellas para regir la noche: | porque es eterna su misericordia.
Él hirió a Egipto en sus primogénitos: | porque es eterna su misericordia.
Y sacó a Israel de aquel país: | porque es eterna su misericordia.
Con mano poderosa, con brazo extendido: | porque es eterna su misericordia.
Él dividió en dos partes el mar Rojo: | porque es eterna su misericordia.
Y condujo por en medio a Israel: | porque es eterna su misericordia.
Arrojó en el mar Rojo al faraón y a su ejército: | porque es eterna su misericordia.
Guió por el desierto a su pueblo: | porque es eterna su misericordia.
Él hirió a reyes famosos: | porque es eterna su misericordia.
Dio muerte a reyes poderosos: | porque es eterna su misericordia.

A Sijón, rey de los amorreos: | porque es eterna su misericordia.

Y a Hog, rey de Basán: | porque es eterna su misericordia.

Les dio su tierra en heredad: | porque es eterna su misericordia.

En heredad a Israel su siervo: | porque es eterna su misericordia.

En nuestra humillación, | se acordó de nosotros: | porque es eterna su misericordia.

Y nos libró de nuestros opresores: | porque es eterna su misericordia.

Él da alimento a todo viviente: | porque es eterna su misericordia.

Dad gracias al Dios del cielo: | porque es eterna su misericordia.

GPS 42 Oraciones de la Misericordia

Dios, Padre Misericordioso, que has revelado Tu Amor en tu Hijo Jesucristo y lo has derramado sobre nosotros en el Espíritu Santo: Te encomendamos hoy el destino del mundo y de todo hombre. Inclínate hacia nosotros, pecadores; sana nuestra debilidad; derrota todo mal; haz que todos los habitantes de la tierra experimenten Tu Misericordia, para que en Ti, Dios Uno y Trino, encuentren siempre la fuente de la esperanza. Padre Eterno, por la Dolorosa Pasión y Resurrección de Tu Hijo, Ten Misericordia de nosotros y del mundo entero. Amén.

(Oración a la Divina Misericordia pronunciada por Juan Pablo II para confiar el mundo a la Divina Misericordia, en el Santuario de la Misericordia Divina, Cracovia, el sábado 17 de agosto de 2002)

Señor Jesucristo,

Tú nos has enseñado a ser misericordiosos como el Padre del cielo, y nos has dicho que quien te ve, lo ve también a Él. Muéstranos tu rostro y obtendremos la salvación.

Tu mirada llena de amor liberó a Zaqueo y a Mateo de la esclavitud del dinero; a la adúltera y a la Magdalena de buscar la felicidad solamente en una creatura; hizo llorar a Pedro luego de la traición, y aseguró el Paraíso al ladrón arrepentido. Haz que cada uno de nosotros escuche como propia la palabra que dijiste a la samaritana: ¡Si conocieras el don de Dios!

Tú eres el rostro visible del Padre invisible, del Dios que manifiesta su omnipotencia sobre todo con el perdón y la misericordia: haz que, en el mundo, la Iglesia sea el rostro visible de Ti, su Señor, resucitado y glorioso.

Tú has querido que también tus ministros fueran revestidos de debilidad para que sientan sincera compasión por los que se encuentran en la ignorancia o en el error: haz que quien se acerque a uno de ellos se sienta esperado, amado y perdonado por Dios.

Manda tu Espíritu y conságranos a todos con su unción para que el Jubileo de la Misericordia sea un año de gracia del Señor y tu Iglesia pueda, con renovado entusiasmo, llevar la Buena Nueva a los pobres proclamar la libertad a los prisioneros y oprimidos y restituir la vista a los ciegos.

Te lo pedimos por intercesión de María, Madre de la Misericordia, a ti que vives y reinas con el Padre y el Espíritu Santo por los siglos de los siglos. Amén.

(Oración del Papa Francisco para el Jubileo de la Misericordia)

"Recurro a tu Misericordia, oh Dios benigno, a Ti que eres el único Bueno. Aunque mi miseria sea grande y mis culpas numerosas, confío en Tu Misericordia porque eres el Dios de la Misericordia y desde siglos no se ha escuchado jamás que ni en la tierra como en el cielo recuerdan que un alma, confiada en Tu Misericordia, haya quedado desilusionada. Oh Dios de piedad, Tú solamente puedes perdonarme y no me rechazarás jamás cuando recurriré arrepentida a tu Corazón Misericordioso, del que nadie jamás ha recibido el rechazo, aunque fuese el más grande pecador" (1730)

"Oh Jesús, amigo del corazón solitario. Tú eres mi puerto, Tú eres mi paz, Tú eres mi única salvación. Tú eres la calma en los momentos de lucha y en el mar de dudas. Tú eres el rayo brillante que ilumina el sendero de mi vida. Tú eres todo para el alma solitaria. Tú comprendes al alma aunque ella permanezca callada. Tú conoces nuestras debilidades y como un buen médico consuelas y curas, ahorrándonos sufrimientos, como buen experto." (247)

"Oh Jesús, haz mi corazón sensible a todo sufrimiento del alma o del cuerpo de mi prójimo. Oh mi Jesús, sé que Tú te comportas con nosotros como nosotros nos comportamos con el prójimo. Jesús mío, haz mi corazón semejante a Tu Corazón Misericordioso. Jesús, ayúdame a vivir haciendo el bien a todos,..." (692)

Acto de total abandono a la voluntad de Dios que es para mí el amor y la misericordia misma. Acto de ofrecimiento. "Oh Jesús Hostia que en este momento he recibido en mi corazón y en esta unión Contigo me ofrezco al Padre celestial como hostia expiatoria, abandonándome plena y absolutamente a la misericordiosísima, santa voluntad de mi Dios. Desde hoy, Tu voluntad, Señor, es mi alimento. Tienes todo mi ser, dispón de él según Tu divina complacencia. Cualquier cosa que Tu mano paternal me ofrezca, la aceptaré con sumisión, serenidad y gozo. No tengo miedo de nada, cualquiera que sea el modo en que quieras guiarme; y con la ayuda de Tu gracia cumpliré cualquier cosa que exijas de mí. Ya ahora no temo ninguna de Tus inspiraciones ni analizo con preocupación a dónde me llevaran. Guíame, oh Dios, por los caminos que Tú quieras; tengo confianza absoluta en Tu voluntad que es para mí el amor y la misericordia mismos. Me haces quedarme en este convento, me quedaré; me haces comenzar la obra, la comenzaré; me dejas en la incertidumbre hasta la muerte respecto a esta obra, bendito seas; me darás la muerte en el momento en que humanamente mi vida parecerá más necesaria, bendito seas. Me llevarás en la juventud, bendito seas; me harás alcanzar edad avanzada, bendito seas; me darás salud y fuerzas, bendito seas; me clavarás en un lecho de dolor quizá por toda la vida, bendito seas; me darás solamente desilusiones y fracasos durante la vida, bendito seas; permitirás que mis más puras intenciones sean condenadas, bendito seas; darás luz a mi mente, bendito seas; me dejarás en la oscuridad y en toda clase de angustias, bendito seas. Desde este momento vivo en la más profunda serenidad, porque el Señor Mismo me lleva en Sus brazos. Él, el Señor de la misericordia insondable, sabe que lo deseo solamente a Él en todo, siempre y en todo lugar." (1264)

(Algunas oraciones del diario de Santa Faustina María Kowalska)

GPS 43 Obras de misericordia

Hay catorce obras de misericordia: siete corporales y siete espirituales.

I.- Obras de misericordia corporales:

En su mayoría salen de una lista hecha por el Señor en su descripción del Juicio Final. Son:

1) Visitar a los enfermos
2) Dar de comer al hambriento
3) Dar de beber al sediento
4) Dar posada al peregrino
5) Vestir al desnudo
6) Visitar a los presos
7) Enterrar a los difuntos

II.- Obras de misericordia espirituales:

Han sido tomadas por la Iglesia de otros textos que están a lo largo de la Biblia y de actitudes y enseñanzas del mismo Cristo: el perdón, la corrección fraterna, el consuelo, soportar el sufrimiento, etc. Son:

1) Enseñar al que no sabe
2) Dar buen consejo al que lo necesita
3) Corregir al que se equivoca
4) Perdonar al que nos ofende
5) Consolar al triste
6) Sufrir con paciencia los defectos del prójimo
7) Rezar a Dios por los vivos y por los difuntos.

El Papa Francisco iluminaba a los sacerdotes y seminaristas de Roma acerca de ello: *"Las obras de misericordia son infinitas, cada una con su sello personal, con la historia de cada rostro. No son solamente las siete corporales y las siete espirituales en general. O más bien, estas, así numeradas, son como las materias primas —las de la vida misma— que, cuando las manos de la misericordia las tocan ya las moldean, se convierten cada una de ellas en una obra artesanal. Una obra que se multiplica como el pan en las canastas, que crece desmesuradamente como la semilla de mostaza."* (2 de junio 2016)

GPS 44 Bibliografía y enlaces interesantes

Bibliografía:

Sagrada Escritura, sobre todo el evangelio de Lucas. http://juanstraubinger.blogspot.it/2015/05/biblia-de-la-conferencia-episcopal.html

"Dives in misericordia", del Papa Juan Pablo II, http://w2.vatican.va/content/john-paul-ii/it/encyclicals/documents/hf_jp-ii_enc_30111980_dives-in-misericordia.html

"Misericordiae vultus", de Papa Francisco, https://w2.vatican.va/content/francesco/it/apost_letters/documents/papa-francesco_bolla_20150411_misericordiae-vultus.html

Diario de Santa Faustina María Kowalska. http://www.geocities.ws/faustina/SorFaustina.htm

Colección *"Misericordiosos como el Padre"* del Pontificio Consejo para la Promoción de la Nueva Evangelización, http://www.iubilaeummisericordiae.va/content/gdm/es/sussidi/sussidi.html

"Memoria e identidad", Juan Pablo II, 2005. El libro surgió de una larga conversación entre el Papa y dos profesores de filosofía política polacos y recoge las reflexiones del Pontífice sobre patria y nación, libertad y responsabilidad, el mal identificado con las ideologías totalitarias, la relación entre Iglesia y Estado, la construcción de Europa...

"Porque es eterna su Misericordia", Carta pastoral con motivo de los XXV años de la restauración de la diócesis complutense y el Jubileo de la Misericordia, Mons. Juan Antonio Reig Pla, Obispo de Alcalá de Henares, Agosto 2015

Enlaces:

Congregación de las hermanas de la Madre de Dios de la misericordia, https://www.faustyna.pl/zmbm/es/

Conferencia del P. Trampitas poco antes de morir, https://www.youtube.com/watch?v=YwdG5-244cY y también: http://www.religionenlibertad.com/de-intentar-volar-una-catedral-a-ser-capellan-en-la-prision-25770.htm

Conf. De Mons, José Ignacio Munilla sobre la misericordia 19 de febrero del 2014, https://www.youtube.com/watch?v=37kIOIeJLNQ

Entrevista a la Madre Teresa de Calcuta que se presentaba en la exposición que se hizo de la Madre y que recorrió durante los años 2010 en adelante varias ciudades del mundo, https://www.youtube.com/watch?v=C757nrqiET4

INDICE

¡Es aquí donde hay que llegar!:

GPS 13	Es Fidelidad
GPS 14	Es Amor entrañable
GPS 15	Es miseria + corazón

Señales que nos recuerdan el camino:

GPS 16	La imagen
GPS 17	Una oración
GPS 18	La Coronilla
GPS 19	La Hora
GPS 20	La Fiesta

Cristo, la Misericordia hecha carne:

GPS 21	Nace
GPS 22	Empieza
GPS 23	Habla y vive
GPS 24	Hasta el extremo
GPS 25	Más fuerte

Parábolas de Cristo:

GPS 26	La oveja perdida
GPS 27	La dracma perdida
GPS 28	Hijo pródigo
GPS 29	El Padre de las misericordias
GPS 30	Buen Samaritano
GPS 31	Los dos deudores
GPS 32	El fariseo y el publicano
GPS 33	El juez inicuo

Algunos que han llegado:

Llegando:

Apps de la misericordia:

www.ingramcontent.com/pod-product-compliance
Lightning Source LLC
Chambersburg PA
CBHW032121040426
42449CB00005B/207